KUJAP 시리즈

高麗大學校 日語日文學科 敎材編纂委員會

보고사

はじめに

　本書は基礎的な日本語文法を勉強した青少年学習者(大学生)を対象に書かれている。学習者既習の文型を再整理しながら、よりまとまりのある文章を書く練習をすることが本書の主な目的である。本書は4つのパートからなり、作文の話題は学習者の身近なものから社会的なものまで段階的に広がるように構成している。

　まず、パート1では韓国人の学生がインターネットの掲示板で日本人の友人に出会い、メールを交換するという設定で、自分の家や自分の生活など、学習者自身や学習者の周りのことを紹介する練習をする。学習者にとって身近なものとなりつつある、日本語のメールの書き方や形式についても練習できるようにしている。

　パート2では時間軸を広げ、現在の自分だけじゃなく、過去の自分を振り返ったり、未来の自分を想像して述べる練習を中心に行う。

　パート3では、個人的な話題からさらに視野を広げ、社会的な事象の過去と今、さらに未来を比べたり、自分の国と外国と比べるなどの比較の表現を中心に学ぶ。自分の国の文化や習慣を紹介したり、説明したりする練習を行っていく。さらに、日本と韓国の文化の違いについても気づくように提示している。

　パート4では社会問題などに対する自分の意見を述べる練習を行う。具体的な事象から抽象的な意見を導きだせるよう、データや現象を客観的に述べたり、それに対する自分の意見を述べる表現を中心に練習する。

　以上のように、身近な話題から社会的な問題まで、それに必要な文型・表現を学びながら、幅広く、自分の考えが述べられるように構成している。各課には学習者同士でインタビューをするページを多く設けており、学習者同士が意見交換をすることで考えを深めたり、考えをまとめられるようにしている。また、各パートのおわりには、実用的な「書く」場面を想定し、案内状やお礼状などを書く練習を行えるページを設け、様々なスタイルの文にも触れられるようにした。

　現代はインターネットなどを通して、学習者が日本語の文章を目にする機会が急激に増えている。本書が、学習者が日本語の文章に興味を持って積極的に取り組んでいく手助けとなれば幸いである。本書は「外国語学習は楽しくなければ」をコンセプトに作成した教材ではあるが、まだまだ準備不足な点も多い。教師、学習者すべての方からのご意見・ご提案があれば、今後の参考にし、よりよい教材作りを目指したいと思っている。

2005年8月
執筆者一同

この本の構成と使い方

『書こう日本語（初級）』では基本的な文法力を身につけた学習者が、既習の文法を再整理した上で、文章の構成に注意を払いながら、更にまとまりのある文を書くことを目的としています。本書は4つのパートからなり、作文の話題は学習者の身近なものから社会的なものまで段階的に広がるように構成しています。各課の話題に必要な語彙・文型を学びながら、課題作文を書いていきます。

● 各課の構成 ●

1. **モデル文を読む前に**：各課の扉のページです。イラストを見ながら、各課の話題について、自由に話をし、イメージが膨らむようにします。課によっては語彙を導入します。

2. **モデル文**：その課の課題にあったモデル文です。文の構成についてはページ左の吹き出しで表示しました。文型・語彙だけではなく、文の構成に注意を払いながら読み進めていきましょう。

3. **文型**：各課に必要な文型を提示しています。既習の基本的な文型に関しては「ポイント」の欄を設け、類似の表現と比較しながら整理ができるようにしました。

4. **練習問題**：各文型ごとに単文レベルで練習します。

5. **作文の準備をしましょう**：課題について、Q＆A方式で自分の考えをメモします。

6. **友達にインタビュー**：5で書いたメモを元に友達に質問し、意見を交換します。

7. **課題**：モデル文を参考にしながら、課題にしたがって作文をします。ページ左にある吹き出しを見て、文の構成に注意を払うようにしましょう。課題作文のページは切り取って提出します。

＊パート1では課題作文の後に簡単なメール文のページを設けました。第1課と第2課ではメールの形式について説明をしています。第3課から第5課は誤用例を含んだメール文を掲載しました。誤用文の訂正をしながら、間違えやすい表現に注意を向けるように指導してください。

● 使い方 ●

1．まず、各課の扉のページのイラストを見ながら、各課の目的を確認します。イラストを見ながら、各課の話題について、自由に話をし、イメージが膨らむようにします。この時、モデル文の読解に必要な語彙も適宜補充するとよいでしょう。

2．次に「モデル文」を読みます。文の構成についてはページ左の吹き出しで表示しましたので、文の構成に注意を払いながら読んでいきましょう。

3．「文型」で「モデル文」に出てきた文型を確認します。類似の表現との違いに注意したほうがいい表現については「ポイント」の欄を見ながら整理します。

4．3で学んだ文型を「練習問題」で確認します。

5．「作文の準備をしましょう」では質問に答える形で、自分の考えをメモします。課題作文の際に参考にするものですから、文章にする必要はなく、メモ程度でかまいません。

6．「友達にインタビュー」では5で書いたメモを元に友達に質問し、意見を交換します。インタビューを通して、課題作文に向けて、自分の意見をまとめていきます。

7．最後に、モデル文を参照しながら、「課題」に取り組みます。その際、ページ左の吹き出しを参照し、文の構成に注意します。課題作文は切り取って提出しましょう。毎課、十分なフィードバックが必要ですし、課によっては発表をすることによって、より活気のある授業となるでしょう。

＊「文型」では品詞を以下のように表記しました。
V：動詞
A：い形容詞
NA：な形容詞
N：名詞

目次

はじめに___3
この本の構成と使い方___4

PART I
- 第1課　自己紹介___11
- 第2課　私の友達___27
- 第3課　私の部屋___41
- 第4課　私の趣味___53
- 第5課　私の一日___65

招待状をかきましょう〜道案内の練習…79

PART II
- 第6課　もしタイムマシーンがあったら___87
- 第7課　うれしかったこと___99
- 第8課　一人暮しをしてから変わったこと___111

お礼状を書きましょう…123

PART III
- 第9課　韓国を紹介しようⅠ___131
- 第10課　韓国を紹介しようⅡ___139
- 第11課　連絡手段の20年前と今とこれから___151
- 第12課　大学生事情___163
- 第13課　韓国と日本___173

推理してみましょう〜犯人は誰だ?…183

PART IV
- 第14課　依頼の手紙___197
- 第15課　私達と教育___207
- 第16課　賛成?反対?___221

感想を書きましょう〜この学期を振り返って…229

解答…233

PART I

　日本語を勉強している韓国人の学生、ミジョンさんがインターネットの掲示板で、日本人のメール友達を探すところからお話は始まります。日本人の友達、みどりさんとミジョンさんのメールのやり取りを見ながら、自分や自分の周りのことを紹介する表現を練習していきましょう。日本語のメールの書き方や形式にも注意しましょう。

第1課　自己紹介

ミジョンさんは日本語の勉強のために、メールを交換する日本人の友達を探しています。インターネットの掲示板に載せる自己紹介を書きましょう。自分が好きなことや趣味を書いて、趣味が合う友達を探しましょう。どんな人と友達になりたいですか。

モデル文

メール友達を探しています

> 名前を書きましょう

初めまして。キム・ミジョンと申します。

> 自己紹介をしましょう。趣味はなんですか。

ハナ大学の学生です。日語日文学科の2年生で、22歳です。日本のドラマを見るのが好きです。日本のドラマはおもしろくて、日本語の勉強に役に立ちます。一番好きなドラマは「サマー・スノー(Summer Snow)」です。友達といっしょに見て、日本語の会話を勉強しています。

> どんな人と友達になりたいですか。

日本のドラマや韓国のドラマに興味がある人と友達になりたいと思っています。よかったらメールをください。

キム・ミジョン

 新しいことば

ドラマ：드라마	役に立つ(役立つ)：도움이 되다	いっしょに：함께, 같이
興味：흥미	よかったら：괜찮으시면	

文型

① Nで　　　　　　　　　　　　　　　　N고/이고

1) 朴さんは日語日文学科の2年生で、22歳です。
2) 私の父は公務員で、50歳です。
3) 中村さんのお兄さんは会社員で、弟さんは高校生です。

練習問題

例のように書きましょう。

> 例) 田中さんは21歳です。田中さんは経済学部の学生です。
> →田中さんは21歳で、田中さんは経済学部の学生です。
> →田中さんは21歳で、経済学部の学生です。

1) 私は大阪出身です。大学院生です。

→ _____

2) 私は大学生です。一人暮らしをしています。

→ _____

3) 私は交換留学生です。ハナ大学で一年間韓国語を勉強します。

→ _____

● メモ ― 経済学部: 경제학부　大学院生: 대학원생　一人暮らし: 혼자 사는 것　交換留学生: 교환 유학생

② Ｖています（習慣）　　　　　　　　　　　~고/하고 있습니다

1) 毎日日本語の会話を勉強しています。
2) 父は都庁に勤めています。
3) 弟は英語の塾に通っています。

練習問題

例のように佐藤さん・大森さんの家族、それから自分の家族を紹介しましょう。

1) 佐藤さんの家族

例）佐藤さん・・・大学2年生・法律を勉強する

父・・・公務員・建設会社で働く　　　母・・・主婦・料理を教える
姉・・・銀行員・3歳年上　　　　　　弟・・・高校生・ゲームが大好き

例）佐藤さんは大学２年生で法律を勉強しています。佐藤さんのお父さんは

2) 大森さんの家族

例）大森さん・・・大学3年生・英語を勉強する

父・・・英語の先生・学校は仁川にある　母・・・看護士・毎日忙しい
兄・・・会社員・独身　　　　　　　　妹・・・大学生・中国語を勉強する

3) 私の家族

● メモ ― 都庁: 도청   塾: 학원   法律: 법률   看護士: 간호사

● 家族の呼称

	他の人の家族	自分の家族		他の人の家族	自分の家族
아버지	お父さん	父	남편	ご主人	主人／夫
어머니	お母さん	母	아내	奥さん	家内／妻
오빠(형)	お兄さん	兄	할아버지	おじいさん	祖父
언니(누나)	お姉さん	姉	할머니	おばあさん	祖母
남동생	弟さん	弟	삼촌 / 숙부	おじさん	おじ
여동생	妹さん	妹	고모 / 이모	おばさん	おば

③　Aて/NAで　　　　　　　　　　　　　　A/NA고/이고, A/NA이어서

1) 日本のドラマはおもしろくて、日本語の勉強に役に立ちます。
2) 私の部屋は明るくて、広いです。
3) 明洞はにぎやかで、人が多いです。

練習問題

例のように書きましょう。

例) このかばんは軽いです＋便利です→このかばんは軽くて便利です。

1) この教室は広いです＋新しいです

→ _____

2) この店はうるさいです＋暗いです

→ _____

3) ここは有名です＋いつも人が多いです

→ _____

4) この部屋はきれいです＋明るいです

→ _____

5) 昨日は暑かったです＋忙しかったです

→ _____

6) 昨日食べたスパゲティは安かったです＋おいしかったです

→ _____

ポイント

　二つの形容詞の意味に注意しましょう。「＋イメージの形容詞」と「＋イメージの形容詞」のとき、「−イメージの形容詞」と「−イメージの形容詞」のときは「て」を使って接続します。

　⇨ 두 개의 형용사의 의미에 주의합시다. 「＋이미지의 형용사」와 「＋이미지의 형용사」일 때, 「−이미지의 형용사」와 「−이미지의 형용사」일 때 「て」를 사용해 접속합니다.

　1) 日本のドラマはおもしろくて、日本語の勉強に役に立ちます。
　　　　　　　　　　＋　　　　　　　　　　　＋

「＋イメージの形容詞」と「−イメージの形容詞」のとき、「−イメージの形容詞」と「＋イメージの形容詞」のときは「が」を使って接続します。

　⇨ 「＋이미지의 형용사」와 「−이미지의 형용사」일 때, 「−이미지의 형용사」와 「＋이미지의 형용사」일 때는 「が」를 사용해 접속합니다.

　2) この店はきれいですが、高いです。
　　　　　　＋　　　　　−

練習問題

1) 私の部屋は＿＿＿＿＿＿＿＿＿＿＿＿＿＿＿＿＿＿＿＿＿＿＿

2) この教室は＿＿＿＿＿＿＿＿＿＿＿＿＿＿＿＿＿＿＿＿＿＿＿

3) この教科書は＿＿＿＿＿＿＿＿＿＿＿＿＿＿＿＿＿＿＿＿＿＿

4) (映画の名前：　　　　　)は＿＿＿＿＿＿＿＿＿＿＿＿＿＿＿

5) (芸能人の名前：　　　　　)は＿＿＿＿＿＿＿＿＿＿＿＿＿＿

● メモ ─ 芸能人：연예인

> ④ 好きです/嫌いです/上手です/下手です/得意です/苦手です/わかります
> 　　좋아합니다/싫어합니다/잘합니다/못합니다/잘합니다/못합니다/압니다

1) 日本のドラマが好きです。

2) 田中さんは歌が上手です。　＊△　私は歌が上手です。　→　○　私は歌が得意です。

3) 日本のドラマが好きな人と友達になりたいです。

4) 納豆が嫌いな人は多いです。

ポイント

日本語では「好きです/嫌いです/上手です/下手です/得意です/苦手です/わかります」は形容詞です。助詞に注意しましょう。

⇨ 일본어에서는 好きです/嫌いです/上手です/下手です/得意です/苦手です/わかります 는 형용사입니다. 조사에 주의합시다.

1) ×日本のドラマを好きです。→日本のドラマが好きです。

● メモ ― 納豆：푹 삶은 메주콩을 볏짚꾸러미나 보자기 따위에 싸서 띄운 식품

> ⑤　～のが好きです。　　　　　　　　　　～것을 좋아합니다
> 　　V/A：普通体　　NA：NAな

1) 日本のドラマ　が好きです。
   　　N

2) 日本のドラマを見る　の　が好きです。
   　　　　　　　　V

3) 漢字を勉強するのが好きではありません。

練習問題

何が好きですか？好きではありませんか？下から動詞を選んで文を書いてみましょう。

| 食べる　勉強する　弾く　話す　聞く　歌う　書く　見る　行く　飲む　作る |

例）私は日本の音楽を聞くのが好きです。

1) _____

2) _____

3) _____

4) _____

5) _____

作文の準備をしましょう

名前	
専攻	
学年	
年齢	
好きなことは何ですか。	
どうしてそれが好きですか。	
どんな人と友達になりたいですか。	

ポイント

○ 学年の言い方

日本語では1年生、2年生、3年生、4年生といいます。1学年とは言いませんから気をつけましょう。また、01学番、03学番という言い方もあまりしないようです。他にも、交換学生ではなくて、交換留学生と言います。

⇨ 일본어에서는 1年生, 2年生, 3年生, 4年生이라고 말합니다. 1学年이라고는 하지 않으므로, 주의합시다. 또한, 01学番, 03学番이라는 말도 별로 쓰이지 않습니다. 그 외에, 交換学生이 아니라, 交換留学生이라고 합니다.

○ 年齢の言い方

年齢を聞くときは「おいくつですか」と質問しましょう。「何年生ですか」とは言いません。「何年生ですか」は学年を聞くときに質問します。もし何年に生まれたのかを知りたければ、「何年生まれですか」と聞くとよいでしょう。

⇨나이를 물을 때에는 「おいくつですか」라고 물읍시다. 「何年生ですか」라고는 하지 않습니다. 「何年生ですか」는 학년을 물을 때 하는 말입니다. 몇 년도에 태어났는지 알고 싶다면, 「何年生まれですか」라고 묻습니다.

1) 何年生ですか － 2年生です。
2) おいくつですか － 21歳です。
3) 何年生まれですか。－ 1982年生まれです。(82年生まれです)

友達にインタビュー

名前 …… お名前は。
専攻 …… 専攻はなんですか。／学部はどちらですか。
学年 …… 何年生ですか。
年齢 …… 何歳ですか。／おいくつですか。

名前	
専攻	
学年	
年齢	

好きなことは何ですか。	
どうしてそれが好きですか。	

どんな人と友達になりたいですか。	

作文を書きましょう　　　名前 [　　　　　　]

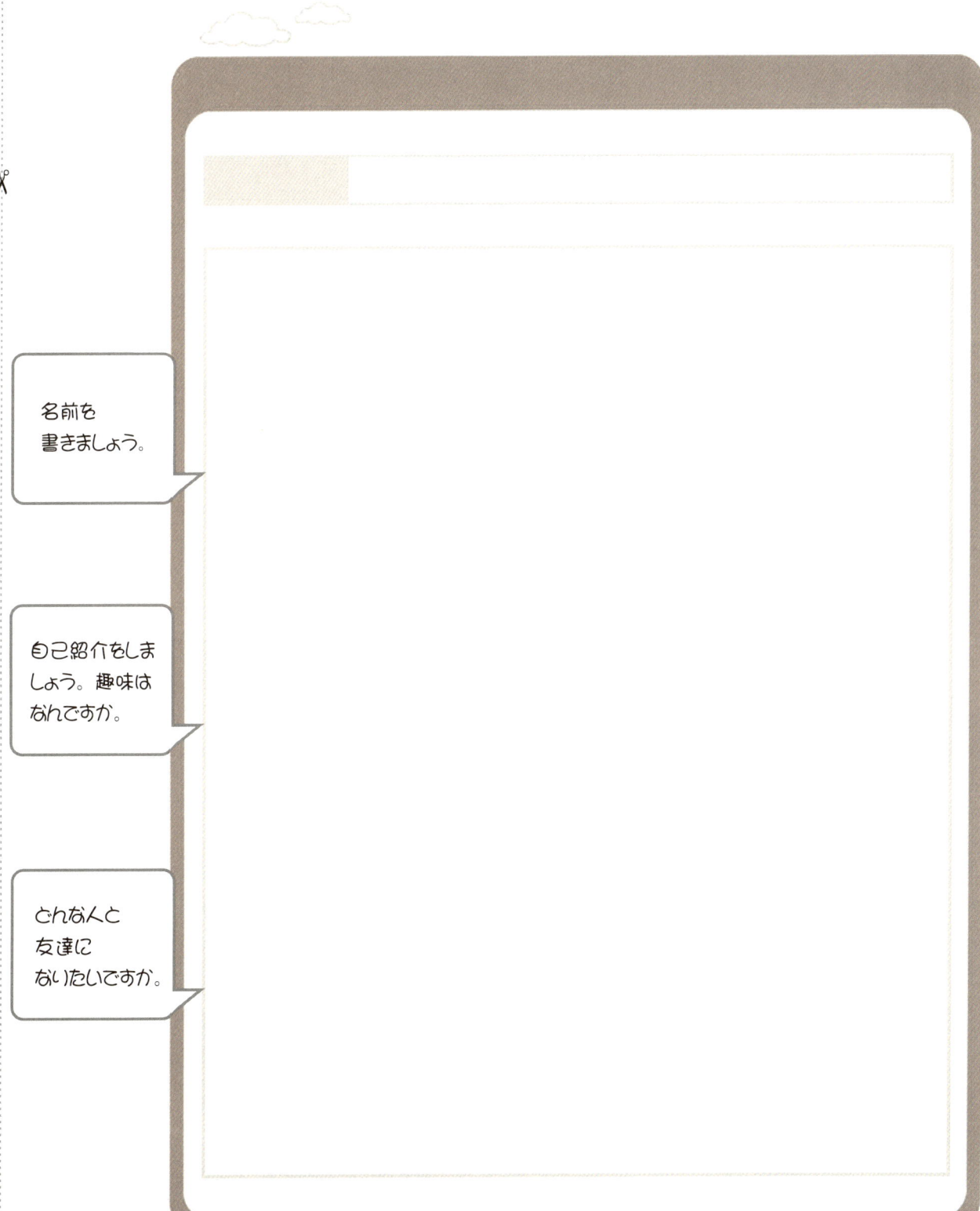

名前を
書きましょう。

自己紹介をしま
しょう。趣味は
なんですか。

どんな人と
友達に
なりたいですか。

● みどりさんからミジョンさんへ

KJ-Clubの掲示板を見てお手紙を書きます。

初めまして。鈴木みどりと申します。大学の専攻は経済学ですが、①第二外国語で韓国語をとっています。まだまだ上手ではありませんが…。＾＾;

②ミジョンさんは「Summer Snow」が好きなんですね。私もKinki-Kidsの大ファンですよ。私は韓国映画に興味があります。一番好きな韓国映画は「シュリ」です。もっと韓国語を勉強して、いつか字幕なしで韓国映画を見たいです。

これから、ミジョンさんといろいろな話をしたいです。どうぞよろしくお願いします。韓国語や韓国の文化についていろいろ教えてください。ミジョンさんの友達も日本に興味を持っている人が多いですか？

● メモ ― 専攻：전공　第二外国語：제2외국어　字幕：자막

表現ノート

①授業に関係のあることば―1

授業を受講しているという意味で「(授業名／〇〇先生の授業)をとる(〜をとっている)」という表現を使います。

⇨ 수업을 수강하고 있다는 의미로「(授業名／〇〇先生の授業)をとる(〜をとっている)」라는 표현을 씁니다.

○韓国語の授業をとっています。
○山田先生の授業をとっています。（＝受講しています）

第1課 自己紹介

学点という言葉ではなく、単位という言葉を使いますので、注意しましょう。
⇨ 学点이라는 단어가 아니라, 単位라는 단어를 사용하므로 주의합시다.
- この授業は3単位です。
- 専門科目の単位は全部とりました。
- あまり勉強しなかったので、単位を落としました。

試験に関係のある言葉にも注意しましょう。
⇨ 시험에 관계되는 말에도 주의합시다.
- 英語の試験を受けます。
- 能力試験に受かりました。／落ちました。

② ミジョンさんは「Summer Snow」が好き<u>んですね</u>。

相手が言ったことや書いたことの中で初めて知ったことを繰り返して確認するとき、「～んですね」という表現を使います。
⇨ 상대가 한 말이나 쓴 것 중에서 처음 알게 된 것을 다시 확인할 때, 「～んですね」이라는 표현을 씁니다.
- A：明日から仕事で日本に行きます。
  B：出張に行くんですね。お気をつけて。

第2課　私の友達

みなさんの周りにはどんな友達がいますか。みなさんと性格が似ていますか。違いますか。みどりさんから友達について質問されたミジョンさん。一番仲のいい友達について書きます。みなさんも友達について紹介する文を書いてみましょう。

モデル文

> 友達を紹介しましょう。

初めまして。みどりさん。メールとてもうれしかったです。これからいっしょに日本語と韓国語の勉強をしていきましょう。

私の一番仲のいい友達を紹介します。名前はイ・ミンジさんです。

> 出会ったきっかけは何ですか。

ミンジさんと初めて会ったのは高校2年生の時です。私たちは同じクラスになりました。二人とも日本の音楽が好きだったのですぐ仲よくなりました。私達はGLAYが大好きです。いつも一緒に音楽を聞いたり、買い物に行ったりします。

> 友達はどんな性格ですか。あなたと似ていますか。

ミンジさんはとても明るくておもしろいです。いつも冗談を言います。私はあまり真面目ではなくて、試験の前に慌てて勉強しますが、ミンジさんはとても真面目で、いつもよく勉強しています。

> 今もよく会いますか。

今は大学が違うので毎日会うことはできませんが、いつもメッセンジャーでチャットをしています。ミンジさんは私の大切な友達です。

みどりさんは友達と何をして遊びますか。みどりさんの生活について教えてください。

🔍 新しいことば

仲がいい：사이가 좋다
慌てる：(놀라서) 당황하다, 허둥대다
冗談：농담
違う：다르다
真面目だ：착실하다

❗ 文型

> ① Nの時、初めて＿＿＿＿＿＿（過去形）　~이었을 때, 처음으로+과거형
>
> 　初めて＿＿＿＿＿＿のはNの時です。　처음으로 ~한 것은 ~이었을 때입니다

1) 高校2年生の時、ミンジさんと初めて会いました。

　→ ミンジさんと初めて会ったのは高校2年生の時です。

2) 初めて日本に行ったのは、大学1年生の時です。

練習問題

例のように書きましょう。

> 例) 小学校3年生の時、初めて海外旅行をしました。
> →初めて海外旅行をしたのは小学3年生の時です。

(1) 大学1年生の時、初めてＭＴに行きました。

→ _____

(2) 大学2年生の時、初めて海外旅行をしました。

→ _____

(3) ＿＿＿＿＿＿時、初めて＿＿＿＿＿＿＿＿＿（過去形）

→ _____

(4) ＿＿＿＿＿＿時、初めて＿＿＿＿＿＿＿＿＿（過去形）

→ _____

> ②AとBは二人(両方)とも　　　　　　　　　A와 B는 둘(양쪽) 다 ~

1) 私は日本の音楽が好きです。ミンジさんも日本の音楽が好きです。
   → 私とミンジさんは二人とも日本の音楽が好きです。

2) 日本語の勉強はおもしろいです。英語の勉強もおもしろいです。
   → 日本語と英語の勉強は両方ともおもしろいです。

練習問題

例のように書きましょう。

> 例) 私の学校は家から近いです。弟の学校も家から近いです。
> → 私の学校と弟の学校は両方とも家から近いです。

(1) 父は公務員です。母も公務員です。

→ _____

(2) 東京は人が多いです。ソウルも人が多いです。

→ _____

> ③Aは_____が、Bは_____　　A는 ~(이)지만 B는 ~.

1) 私はあまり真面目ではありません。ミンジさんはとても真面目です。
   → 私はあまり真面目ではありませんが、ミンジさんはとても真面目です。

2) 兄は背が高いですが、弟は背が低いです。

3) 土曜日は暇ですが、日曜日は忙しいです。

ポイント

「は」の前の助詞の形に注意をしなければなりません。
⇨「は」앞의 조사의 형태에 주의해야합니다.
1) 明日鈴木さんとは会いますが、佐藤さんとは会いません。
2) 私のクラスには日本人の学生がいますが、パクさんのクラスにはいません。
3) ラーメンは好きですが、スパゲティは好きではありません。

を→ は	に→ には
が→ は	へ→ へは
と→ とは	〇→ は
で→ では	

練習問題

例のように書きましょう。

> 例) コンピューターを持っています。プリンターを持っていません。
> → コンピューターは持っていますが、プリンターは持っていません。

(1) 父は少し怖いです。母はとてもやさしいです。

→ _____

(2) この本は人気があります。あの本はあまり人気がありません。

→ _____

(3) 明日英語の塾に行きます。日本語の塾に行きません。

→ _____

(4) 発表の準備をイさんとします。パクさんとしません。

→ _____

(5) _____。_____。

→ _____

● 性格・性質

明るい	밝다	活発(な)	활발하다
暗い	어둡다	誠実(な)	성실하다
おとなしい	얌전하다	わがまま(な)	제멋대로이다
優しい	상냥하다	真面目(な)	착실하다
冷たい	차갑다	不真面目(な)	불성실하다
厳しい	엄하다	頑固(な)	완고하다
気が強い	세다, 강하다	親切(な)	친절하다

練習問題

比べてみましょう。同じですか。違いますか。

> 父と母　　私と友達(名前　　　)　　私と兄弟(名前　　　)
> 父と私　　母と私　　(　　)と(　　)

例) 父と母は二人とも公務員です。

例) 父は厳しいですが、母は優しいです。

作文の準備をしましょう

友達の名前	
初めて会ったのは いつですか。	
仲よくなったきっかけは 何ですか。	
いつもどんなことを しますか。	
友達の性格	
私の性格	
よく連絡をしていますか。	

友達に インタビュー

隣の人にインタビューをしてみましょう。どんな友達がいますか。

（　　　　　　）さんの友達

名前 ＿＿＿＿＿

友達はどんな性格？

初めて会ったのはいつですか？

あなたの性格は？

仲良くなったきっかけは？

いつもどんなことをいっしょにしますか？

作文を書きましょう　　名前 [　　　　　]

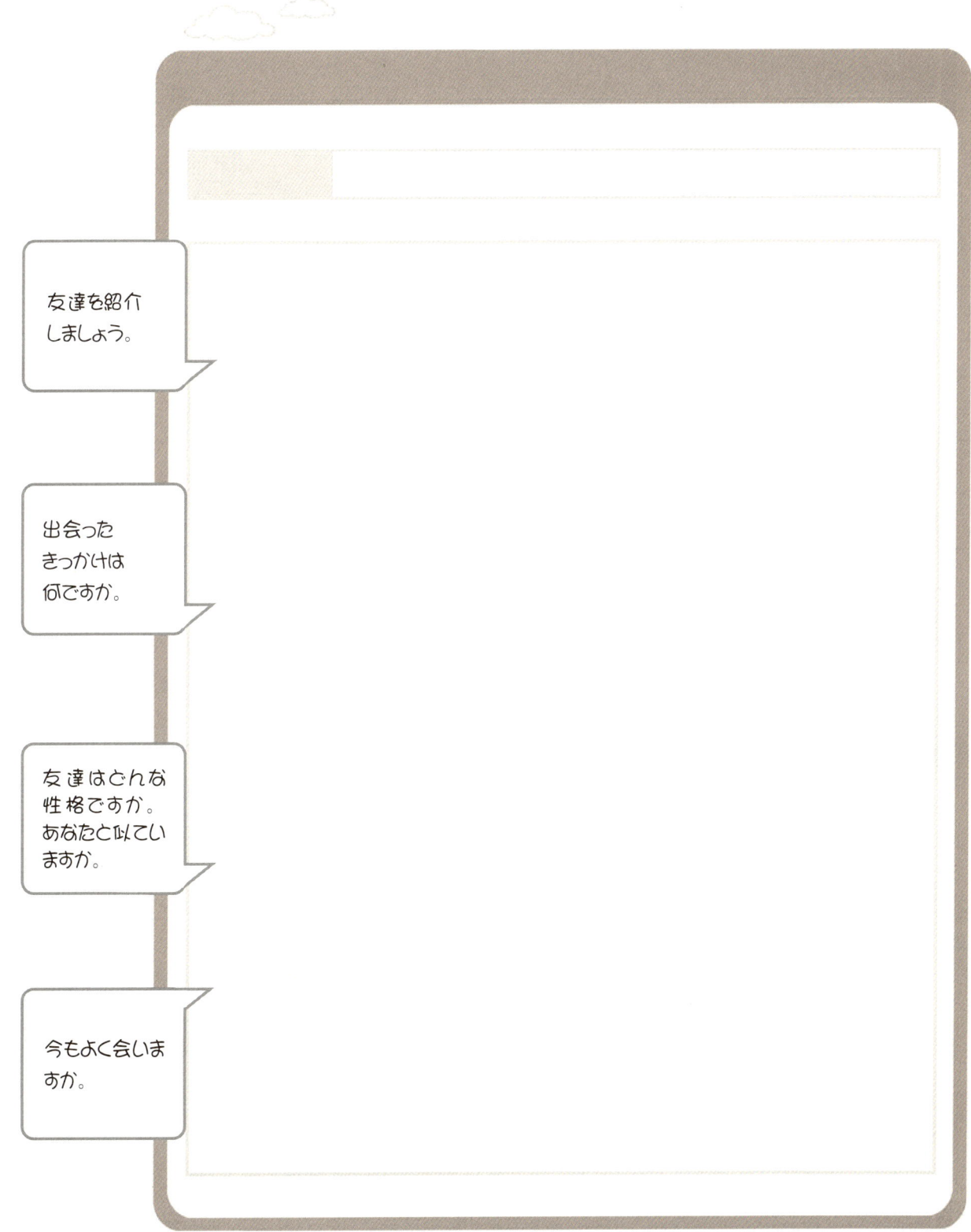

- 友達を紹介しましょう。
- 出会ったきっかけは何ですか。
- 友達はどんな性格ですか。あなたと似ていますか。
- 今もよく会いますか。

● みどりさんからミジョンさんへ

> メールありがとうございました。返事が遅くなってごめんなさい。
> 最近レポートの宿題が多くて大変です。昨日も徹夜をしたんですよ(>_<)
> 今もちょっと眠いです。(=_=)
> ミジョンさんの学校も宿題や試験が多いですか。韓国の大学は試験が多くて大変だと聞きましたが、本当ですか。韓国の大学の様子を今度教えてください。
> それではお返事待っています。

● メモ ― 徹夜：철야　様子：모양, 상태

表現ノート

① メールの始め

　メールの返事を書くときは、「メールありがとう(ございました)」と書きます。「メールをよく受け取りました」という表現は使いません。返事が遅くなった場合には「返事が遅くなってすみません／ごめんなさい」と挨拶をします。

⇨ 답신을 할 때에는 「メールありがとう(ございました)」라고 씁니다. 「メールをよく受け取りました」라는 표현은 쓰지 않습니다. 답신이 늦어졌을 경우에는, 「返事が遅くなってすみません／ごめんなさい」라고 인사 합니다.

② メールの終り

　相手からの返事を期待しているときには「返事を待っています」という表現を使います。「返事を待ちます」という表現は使いませんから、動詞の形に注意しましょう。

⇨ 상대방으로부터 답장을 기대하고 있을 때에는, 「返事を待っています」라는 표현을 사용합니다. 「返事を待ちます」라는 표현은 사용하지 않으므로, 동사의 형태에 주의합시다.

● どんな意味だと思いますか。韓国と同じですか。

(^_^) 　　　　　(^o^)

(*^_^*) 　　　　(^_^;)

(-_-;) 　　　　　m(_ _)m

(T_T) 　　　　　(^_^)/~

(^_^)v 　　　　！(^-^)！

(^O^) 　　　　　(>_<)

(*_*) 　　　　　(@_@)

(=_=)

第3課　私の部屋

この課では自分の部屋について説明しましょう。部屋の中のどこに何があるか、何がどのような状態か、あなたの部屋に入ったことのない先生や友達にもその様子が見えるように、わかりやすい説明をする練習をしましょう。

みどりさんのメールでどんな部屋が思い浮かびますか。

モデル文

部屋について大まかに書きましょう。

> メールの返事ありがとう。今日は私の部屋について書きます。
>
> 私の部屋はアパートの3階です。私の部屋はすこし狭いですが、新しくてきれいです。日当たりもいいです。

部屋の中の様子をわかりやすい順序で書きましょう。

> ドアを開けると向かい側に大きな窓があります。窓にはカーテンがかかっています。窓の下に机があります。この机は大きくて使いやすいです。机の上にオーディオとコンピューターが置いてあります。机の横には本棚があります。本棚には韓国語の本や辞書などが並んでいます。本棚の横にタンスがあります。私の服がたくさん入っています。本棚の反対側にベッドがあります。ベッドの上にはカバーがかけてあります。このベッドも新しくて、気持ちがいいです。

部屋に対する感想を書きましょう。

> 私は自分の部屋が大好きです。この部屋にいると落ちつきます。でも、時々は友達が来て、いっしょに話をします。その時は、もうすこし広い部屋がいいと思います。
>
> ミジョンさんの部屋はどんな部屋ですか。よかったら、教えてください。それでは、また。

🔍 新しいことば

日当たりがいい：볕이 잘 들다, 양지 바르다	向かい側：맞은 편
オーディオ：오디오	
タンス：옷장, 장롱	落ちつく：(마음, 행동이) 가라앉다, 안정되다

❗ 文型

> ① N1 の N2 に N3があります(N3が物や植物の場合)
> 　　　　N1의 N2에 N3이/가 있습니다(N3가 물건이나 식물인 경우)
> 　　　　N3がいます(N3が人間や動物の場合)
> 　　　　N1의 N2에 N3이/가 있습니다(N3가 사람이나 동물인 경우)

1) いすの下に猫がいます。
2) 机の上にボールペンがあります。
3) 私の前にパクさんがいます。

● 位置のことば

上	위	右	오른쪽
下	아래	左	왼쪽
前	앞	間	사이
後ろ	뒤	隣	옆
中	안	近く	가까이
外	밖		

> ② 状態： V(自動詞)+ています　　　　～아/어 있습니다
> 　　　　　V(他動詞)+てあります　　　～해져 있습니다
> 　　　　V：て形

1) 電気がついています。

第3課　私の部屋

2) 窓が開いています。

3) 黒板に字が書いてあります。

4) 机の上に本が置いてあります。

練習問題

例のように書きましょう。

> (例) ドアが開く→ドアが開いています。
> 　　　ドアを開ける→ドアが開けてあります。

(1) 本を並べる　　　　　→ _____

(2) カーテンが閉まる　　→ _____

(3) ポスターを貼る　　　→ _____

(4) 電気が消える　　　　→ _____

(5) パソコンをつける　　→ _____

(6) カレンダーがかかる　→ _____

(7) 人形を置く　　　　　→ _____

(8) 写真を飾る　　　　　→ _____

(9) 引き出しに入る　　　→ _____

(10) オーディオがこわれる → _____

下の絵を見て何がどこにあるか言ってみましょう。また、文章にしてみましょう。

① _____

② _____

③ _____

④ _____

⑤ _____

作文の準備をしましょう

あなたの部屋はどんな部屋ですか。	
部屋の中に何がありますか。	
それはどんなものですか。 （まず、部屋に入って一番先に目につく物は何ですか。それから説明しましょう。）	
それは部屋の中のどこにありますか。 （一番わかりやすいものを基準に考えて、相手にわかりやすいように説明しましょう。）	
あなたの部屋をどう思いますか。	

友達の部屋の説明を聞いて、部屋の平面図を描いてみましょう。

作文を書きましょう　　　　　名前 [　　　　　　]

部屋について大まかに書きましょう。

部屋の中の様子をわかりやすい順序で書きましょう。

部屋に対する感想を書きましょう。

● ミジョンさんからみどりさんへ

　①メールよく受け取りました。みどりさんは一人暮らしなんですね。②私は寮で住んでいます。
　私の部屋は学校から近くて便利ですが、ちょっと狭いです。ドアを開けると、Kinki-Kidsのポスターがあります。とても大きいので、私の部屋に来る友達は驚きます。シャワーやトイレが共同なので少し不便ですが、③寮の友達をすぐ見れるので、寂しくないです。週末はだいたい④同じなクラスの友達と遊びに行きます。映画を見たりショッピングをしたりします。でも、もうすぐ試験があるので、⑤私達は二人とも忙しいようです。
　みどりさんは週末は何をしますか。趣味があったら教えてください。
　それでは、お返事待っています。

● メモ ― 受け取る：받다, 수취하다　寮：기숙사　驚く：놀라다
　　　　共同：공동　不便だ：불편하다　趣味：취미

①〜⑤の文を正しく直しましょう。

①メールよく受け取りました→(　　　　　　　　　)

②私は寮で住んでいます→(　　　　　　　　　)

③寮の友達をすぐ見れる→(　　　　　　　　　)

④同じなクラスの友達→(　　　　　　　　　)

⑤私達は二人とも忙しいようです→(　　　　　　　　　)

第4課　私の趣味

今までの課では、新しくできたメール友達にあなたのことを知ってもらうように、いろいろなことを説明しました。この課では、自分の趣味について書いてみましょう。
いつ、どんなきっかけでその趣味を始めたのか、何年ぐらい続けているのか、将来、どのようにしたいのか、なども書くと、読む人にもわかりやすいです。

モデル文

> まず趣味について簡単に説明しましょう。

> 趣味について詳しく書きましょう。

> その趣味をどんなふうにしたいか書きましょう。

メールありがとう。今日は私の趣味について書きます。

私の趣味はおいしいものを食べることと外国語を勉強することです。
私は友達とおいしいものを食べて、おしゃべりするのが好きです。最近は、インターネットや雑誌などに載っているお店を探していきます。そうすると割引クーポン券などが使えるから、ちょっと得した気分になります。

外国語は、今まで、英語、フランス語、スペイン語、韓国語などを勉強しました。英語は中学校の時に始めました。会話の学校にも5年以上通ったので、英会話は得意です。フランス語とスペイン語は大学で勉強しましたが、文法が複雑でむずかしいです。そして、今は韓国語にとても興味があります。1年前に始めたばかりですから、まだまだ下手ですが、もっと一生懸命勉強して、韓国語が上手になりたいです。

将来は韓国語の通訳になりたいと思っています。でも、外国語をマスターするのはむずかしいですね。

ミジョンさんの趣味は何ですか。メールの返事待っています。
それでは、また。

🔍 新しいことば

載る：(신문・잡지 따위에) 실리다	割引：할인	クーポン券：쿠폰
複雑だ：복잡하다	興味がある：흥미가 있다	マスターする：마스터하다

❗ 文型

> ① (私の趣味は) ～することです 　　　　～하는 것입니다
>
> 　　～するのは(むずかしいです)　　　　～하는 것은 (어렵습니다)

1) 私の趣味は本を読むことです。

1)′ 私の趣味は音楽を聴くのです。(×)

2) 女性が夜、一人で歩くのは危険です。

2)′ 女性が夜、一人で歩くことは危険です。(?)

3) 山に登ることは健康にもいいです。

3)′ 冬の山に一人で登るのは危ないです。

4) 毎日すこしずつ歩くことが重要です。

5) サムゲタンを食べたことがあります。

6) 会議は延期することになりました。(決定1)

6)′ 風呂の掃除は子供たちがすることになっている。(慣例)

7) 明日から、毎日3時間勉強することにする。(決定2)

7)′ 毎朝、ジョギングをすることにしている。(習慣)

ポイント

(5)(6)(7)は文型として定まった形なので、「こと」の代わりに「の」を用いることはできません。(7)が誰が決定したのか明らかなのに対して、(6)は誰が決定したのか明確ではないときに使用します。

⇨ (5)(6)(7)은 문형으로서 정해진 형태이기 때문에 「こと」대신에 「の」를 쓸 수는 없습니다. (7)이 누가 결정한 것인가 확실한 것에 비하여, (6)은 누가 결정했는지 명확하지 않을 때 사용합니다.

練習問題

正しいものに○をしましょう。

例) 飛行機に乗る(こと／⓪) が大好きです。

(1) 私の趣味はスポーツを見る(こと／の)です。

(2) でも自分でする(こと／の)は嫌いです。

(3) 特に重い荷物を持って山を登る(こと／の)は疲れるし、好きではありません。

(4) それに、小さいときから、むずかしい(こと／の)はしませんでした。

(5) でも、これからは、いろいろ挑戦する(こと／の)にします。

---

② ～が好き(嫌い／上手／下手／得意／苦手)です
　　　　　　　　～을 좋아(싫어/잘/못/잘/못) 합니다

(第1課　参照)

---

③　Vたいです（希望の表現）　　～하고 싶습니다(희망 표현)

V：ます形

1) 来年は日本に行きたいです。

2) 今は、あまり食べたくないです。

3) 私もミンジさんに会いたかったです。

練習問題

次の設定で「〜たい」を使って短い作文を書きましょう。

(1) 日本に行ったら、何をしたいですか。したくないですか。

　　私は日本に行ったら、＿＿＿＿＿＿＿＿＿＿＿＿＿＿＿＿＿＿＿

　　＿＿＿＿＿＿＿＿＿＿＿＿＿＿＿＿＿＿＿＿＿＿＿＿＿＿＿＿＿

　　＿＿＿＿＿＿＿＿＿＿＿＿＿＿＿＿＿＿＿＿＿＿＿＿＿＿＿＿＿

　　＿＿＿＿＿＿＿＿＿＿＿＿＿＿＿＿＿＿＿＿＿＿＿＿＿＿＿＿＿

　　＿＿＿＿＿＿＿＿＿＿＿＿＿＿＿＿＿＿＿＿＿＿＿＿＿＿＿＿＿

(2) 大学を卒業したら何をしたいですか、したくないですか。

　　私は大学を卒業したら、＿＿＿＿＿＿＿＿＿＿＿＿＿＿＿＿＿＿

　　＿＿＿＿＿＿＿＿＿＿＿＿＿＿＿＿＿＿＿＿＿＿＿＿＿＿＿＿＿

　　＿＿＿＿＿＿＿＿＿＿＿＿＿＿＿＿＿＿＿＿＿＿＿＿＿＿＿＿＿

　　＿＿＿＿＿＿＿＿＿＿＿＿＿＿＿＿＿＿＿＿＿＿＿＿＿＿＿＿＿

　　＿＿＿＿＿＿＿＿＿＿＿＿＿＿＿＿＿＿＿＿＿＿＿＿＿＿＿＿＿

作文の準備をしましょう

あなたの趣味は何ですか。	
始めたきっかけは何ですか。	
いつから始めましたか。 どのくらい続けていますか。	
これからも続けますか。	

友達にインタビュー

趣味は何ですか。

何がいちばんおもしろいですか。

いつ始めましたか？

始めたきっかけは何ですか。

将来はどんなことをしたいですか。

第4課 私の趣味 59

作文を書きましょう　　　名前 [　　　　　　　]

まず趣味について簡単に説明しましょう。

趣味について詳しく書きましょう。

その趣味をどんなふうにしたいか書きましょう。

● ミジョンさんからみどりさんへ

> メールありがとう。
> みどりさんは4ヶ国語も勉強したことがあるんですか。すごいですね。びっくりしました。私は①高等学生の時に、ドイツ語を勉強しましたが、使う機会がないので、あまり覚えていません。(^_^;)　今は②日本語勉強が一番楽しいです。日本のドラマを見ながら、単語や表現を③熱心に覚えています。ときどき友達と会って、いっしょに勉強することもあります。
> 日本のドラマにときどき大学生が出てきますが、日本の大学生は韓国の大学生と雰囲気が少し④違くて、おもしろいです。サークルとかアルバイトとかもおもしろそうです。みどりさんもアルバイトをしていますか。よかったら、みどりさんの生活について教えてください。
> では、お返事待っています。

● メモ ─ 〜ヶ国：개국　びっくりする：놀라다　雰囲気：분위기

① 高等学生の時→(　　　　　　　　　)

② 日本語勉強→(　　　　　　　　　)

③ 熱心に→(　　　　　　　　　)

④ 違くて、おもしろいです。→ (　　　　　　　　　　　)

第4課　私の趣味

第5課　私の一日

この課ではみなさんの生活を紹介しましょう。朝起きてから学校に行くまで何をしますか。時間の表現に気をつけながら説明してみましょう。毎日同じような生活ですか。それとも日によって違いますか。朝起きてから、寝るまでを書いてみましょう。

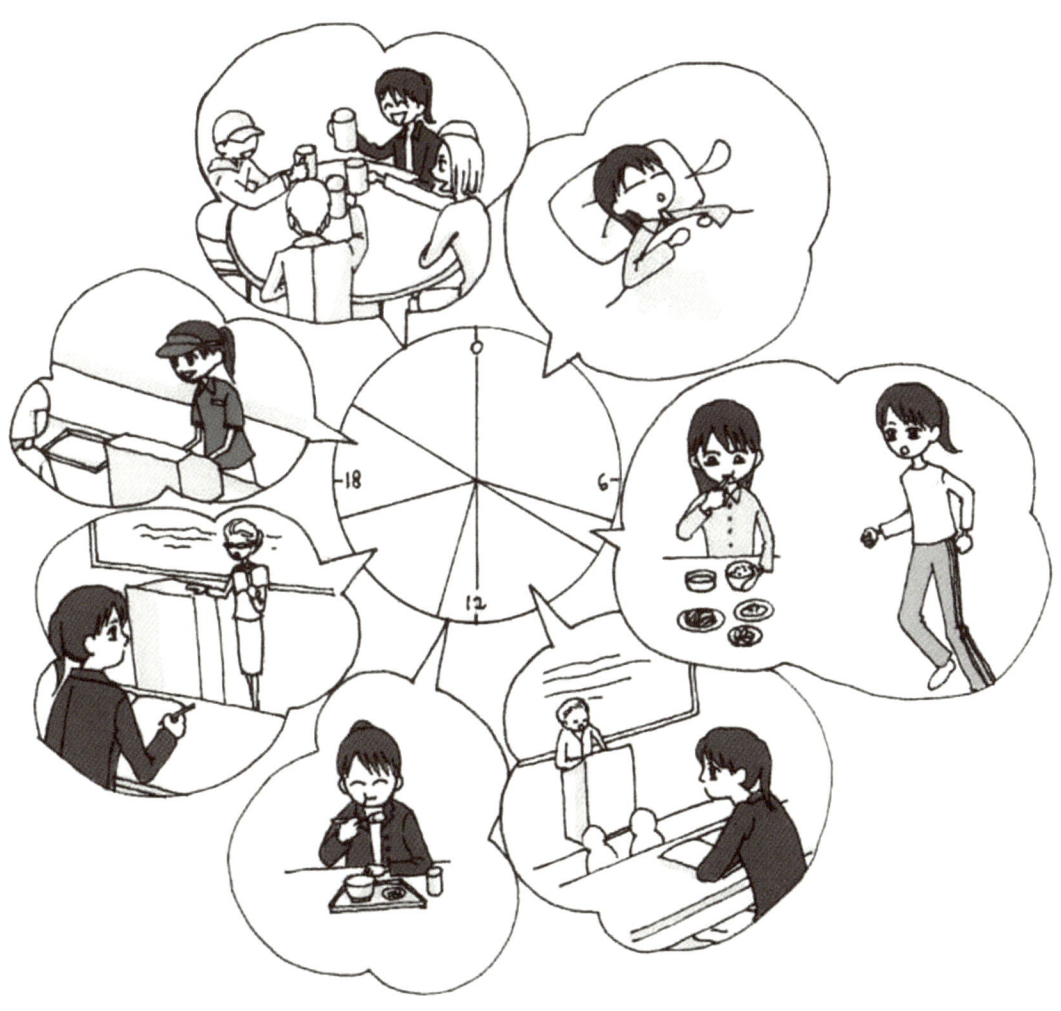

モデル文

> メールどうもありがとう。
> 　今日は私の一日について紹介しますね。ミジョンさんの生活と似ていますか。
>
> 　今学期は月曜日から金曜日まで9時から授業があります。ですから毎日朝7時に起きます。7時に起きて、犬の散歩をしに公園に行きます。30分ぐらい散歩します。そして、家に帰って、朝ごはんを食べてから、家を出ます。私の家から学校までバスでだいたい30分です。
> 　授業が終わる時間は日によって違います。月曜日、火曜日、金曜日は3時15分までで、水曜日と木曜日は5時までです。月曜日と金曜日は家庭教師のアルバイトがあります。中学生に英語と数学を教えています。私は音楽サークルに入っているので、アルバイトのない日はたいていサークルの友達とサークルルームで音楽を聞いたり、食事に行ったりします。
> 　少し忙しいですが毎日とても楽しいです。
>
> 　ミジョンさんは毎日どんな生活をしていますか。

- 朝起きてから学校に行くまで何をしますか。
- 今学校の授業のスケジュールは？アルバイトやサークルは？
- 毎日どんな生活？

🔍 新しいことば

散歩(を)する：산책하다	だいたい：대개, 대체로	家庭教師：가정교사, 과외
数学：수학	～に入っている：～에 들어 있다, (모임, 클럽 등)에 들어 있다, 가입되어 있다	

文型

① V に 行きます・来ます・帰ります　～하러 갑니다, 옵니다, 돌아갑니다

　　V：ます形

1) 犬の散歩をしに公園に行きます。
2) 図書館に勉強に行きます。
　　 N
　　図書館に勉強をしに行きます。
　　　　　　V（ます形）

練習問題

例のように書きましょう。

例) 公園に行きます。公園で犬の散歩をします。
→犬の散歩をしに公園に行きます。

(1) デパートに行きます。デパートで買い物をします。

→ _____

(2) 友達の家に行きます。友達に本を返します。

→ _____

(3) 先生の研究室に行きます。質問をします。

→ _____

(4) 家に帰ります。忘れ物を取ります。

→ _____

練習問題

何をしに行きますか。書いてみましょう。

> 郵便局　　図書館　　学生食堂　　銀行　　公園
> コーヒーショップ　　インターネットカフェ

例) 郵便局に手紙を出しに行きます

_____

_____

_____

● メモ — 返す：돌려주다, 반납하다　　忘れ物：물건을 잃어버림 또는 잃어버린 물건

---

② ＶてＶてから　　　　　　　　　　～하고 ～하고 나서 ～합니다

　　Ｖ：て形

1) 家に帰って、朝ごはんを食べて、新聞を読んでから家を出ます。
2) 今日は食事をしてから家に帰ります。
3) 家に帰って、朝ごはんを食べて、新聞を読んで、家を出ます。

ポイント

時間的前後関係を強調したいときには「〜てから」を使います。ただし「〜てから」は文中に一回しか使えません。「〜てから」の代わりに「それから」を用いることもできます。

⇨ 시간적 전후관계를 강조하고 싶을 때에는 「〜てから」를 사용합니다. 단 「〜てから」는 문장 속에서 한번밖에 쓸 수 없습니다. 「〜てから」대신에 「それから」를 사용할 수도 있습니다.

1) ×家に帰ってから、朝ごはんを食べてから新聞を読みます。

2) 家に帰って、朝ごはんを食べて、新聞を読みます。それから家を出ます。

練習問題

例のように書きましょう。

> 例) 家に帰ります。食事をします。寝ます。
> →家に帰って、食事をしてから寝ます。

(1) 友達に会います。映画を見ます。食事をします。

→ _____

(2) 宿題をします。メールを確認します。寝ます。

→ _____

(3) 家を出ます。塾で日本語を勉強します。学校に行きます。

→ _____

(4) 朝起きます。着替えます。朝ごはんを食べます。

→ _____

③ Nによって違います　　　　　　　～에 따라 다릅니다

1) 授業が終わる時間は日によって違います。
2) この店は季節によってメニューを変えます。
3) 漢字は意味によって読み方が違います。

④ VたりVたりします　　　　　　　～하기도 하고 ～하기도 하고 합니다
　　　V：た形

1) アルバイトのない日は音楽を聞いたり、食事に行ったりします。
2) 週末は友達と食事をしたり、映画を見たりします。
3) 先週末は親戚に会ったり、友達の誕生日パーティーに行ったりしました。

ポイント

　多くの動作の中から二つの例を挙げる時に使う表現です。文型②が時間的前後関係が意識されるのに対して、文型④は時間的前後関係は関係しません。

⇨ 많은 동작 중에서 두 개의 예를 들 때에 사용하는 표현입니다. 문형②가 시간적 전후관계가 의식되는 것에 대해 문형④는 시간적 전후관계에는 관계하지 않습니다.

×日曜日は食事をしてから、映画を見ました。
〇日曜日は食事をしたり、映画を見たりしました。

● メモ ― 親戚：친척

練習問題

例のように書きましょう。

> 例) 週末は映画を見ました。テニスをしました。
> →週末は映画を見たり、テニスをしたりしました。

(1) 日曜日は宿題をします。テレビを見ます。

→ _____

(2) 夏休みは英語の勉強をしました。アルバイトをしました。

→ _____

(3) 昨日は友達とお酒を飲みました。カラオケに行きました。

→ _____

(4) 済州島に行って漢拏山に登りました。刺身を食べました。

→ _____

● メモ ― 登る：오르다　刺身：회

● ことば―頻度の副詞(빈도부사)

いつも	언제나, 항상
たいてい	대개
よく	자주
ときどき	때때로
ほとんど	거의
めったに	좀처럼
ぜんぜん	전혀

ほとんど・めったに・ぜんぜん → 否定形

1) 放課後はたいていサークルルームに行きます。
2) めったに家で食事をしません。

その他の表現：

1) 一週間に一回、プールに行きます。
2) 一ヶ月に一回、映画を見ます。

練習問題

よくしますか？ぜんぜんしませんか？友達と話してみましょう。

例) お酒をよく飲みますか。―はい、ときどき飲みます。

お酒を飲む　　運動をする　　映画を見に行く　　徹夜をする

ゲームをする　　友達の家に行く

作文の準備をしましょう

あなたの一日の生活を書きましょう。

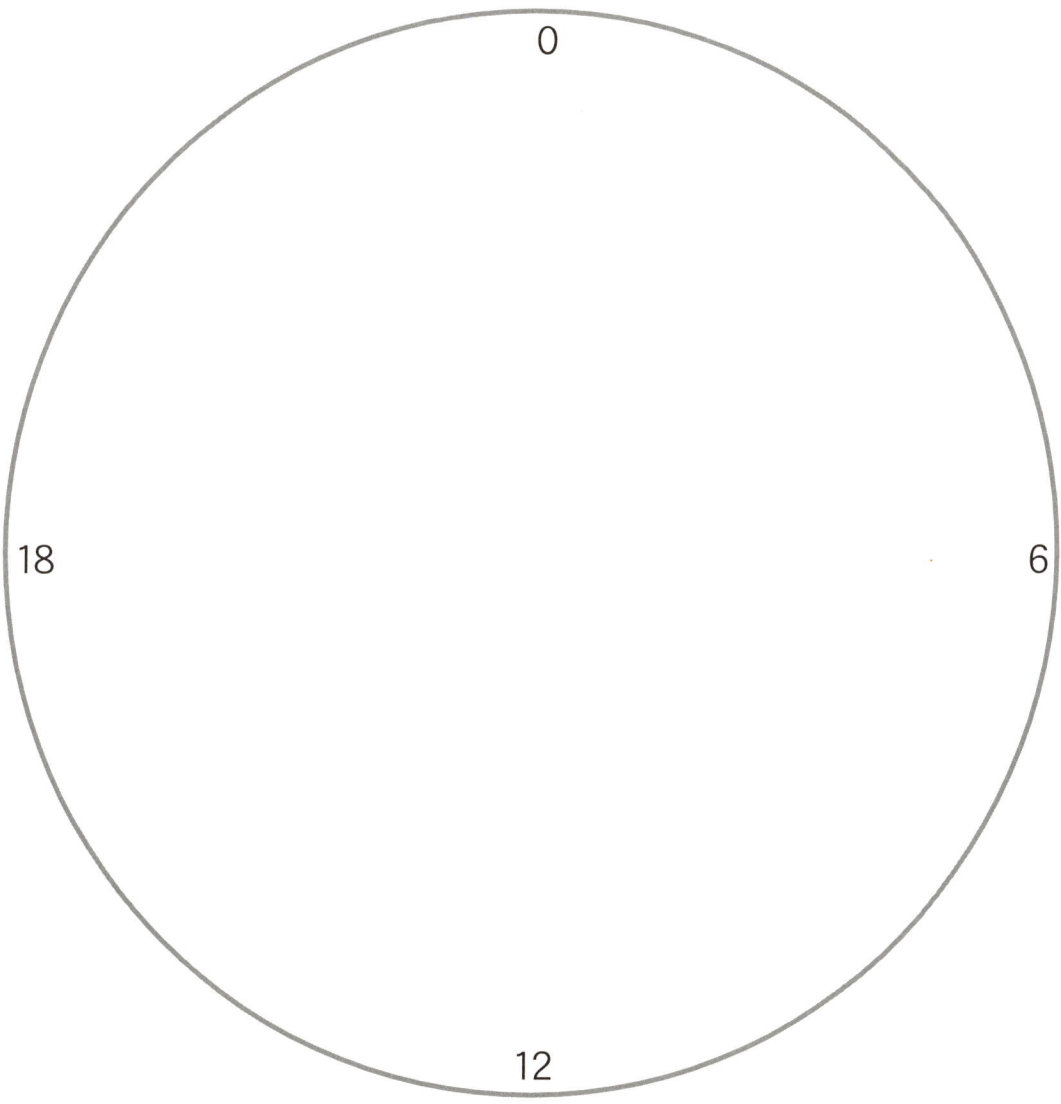

友達の一日の生活を書ましょう。

アルバイトは？

何時から何時まで寝ますか？
朝起きてから学校に行くまでだいたい何をしますか。

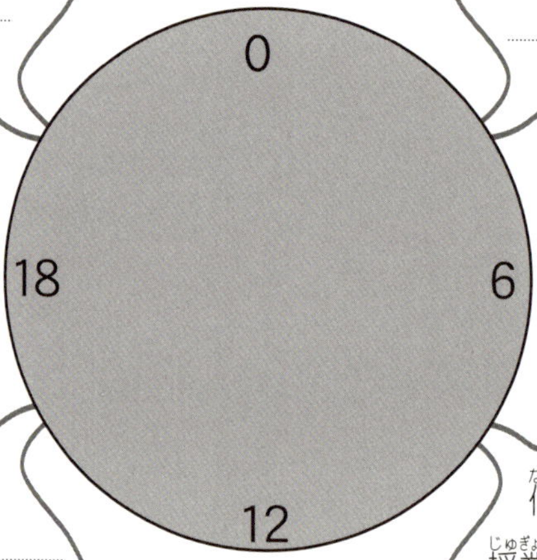

0
18   6
12

サークルは？

何時に学校に行きますか？
授業はだいたい一日何時間ですか。
授業が終わってから何をしますか。

作文を書きましょう　　名前 [　　　　　]

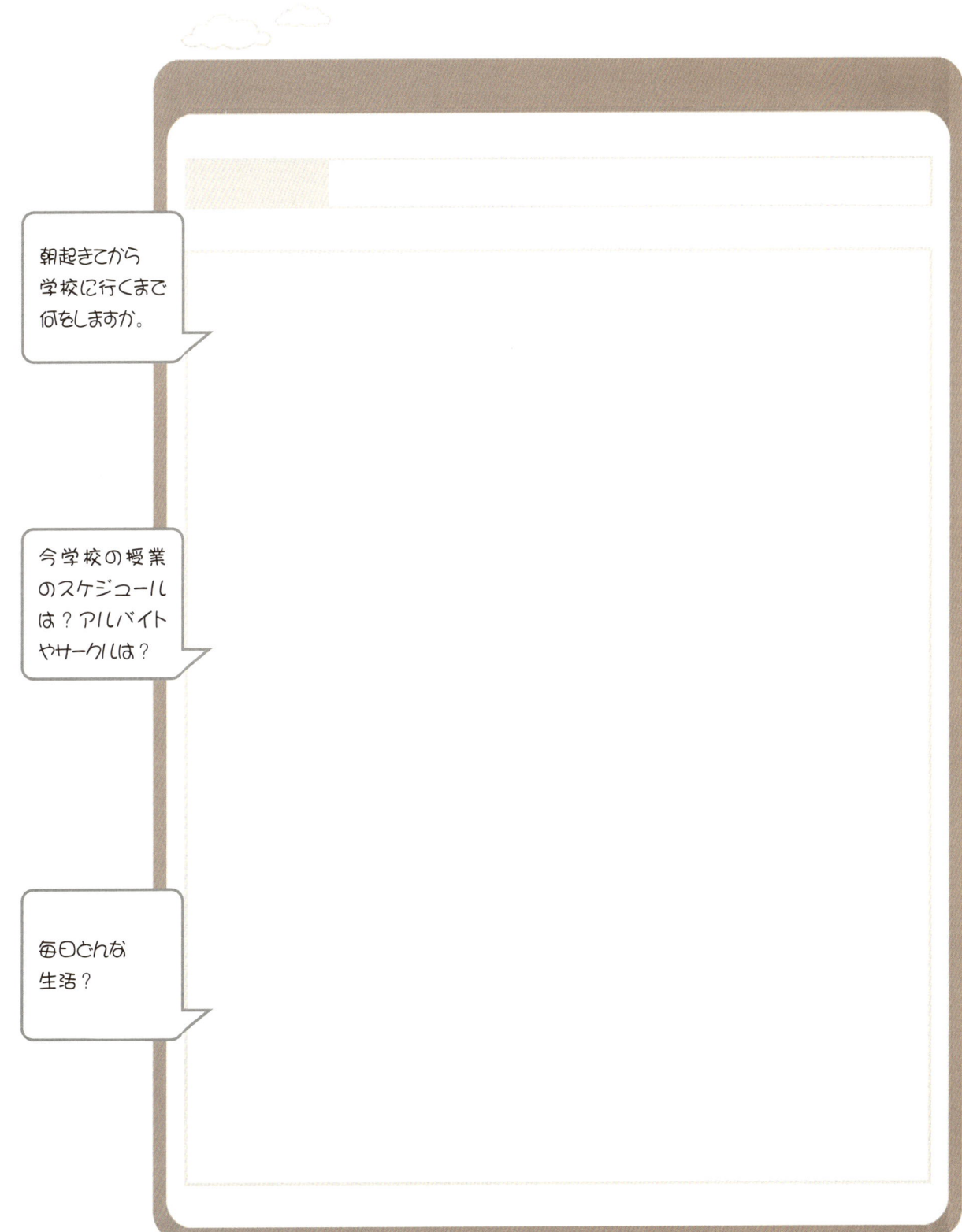

朝起きてから学校に行くまで何をしますか。

今学校の授業のスケジュールは？アルバイトやサークルは？

毎日どんな生活？

● ミジョンさんからみどりさんへ

メールありがとう。みどりさんはアルバイトやサークルで忙しそうですね。私も①課外授業のアルバイトをしています。小学生に日本語を教えています。最近は②幼いときから語学を勉強する子供が増えました。私は③子供を好きなので、子供に教えるのはおもしろいです。私は韓国の伝統音楽のサークルに入っています。授業がない時は、＊科室で話したり、④食事を食べたりします。＊科室にいると、⑤気持が平安で、ときどき⑥授業に入るのがいやになってしまうこともありますよ(^_^;)。ときどき授業をサボってしまったり…。日本の大学生も授業をサボったりしますか(^_^;)？

● メモ ― 増える：늘다　伝統音楽：전통음악　いやになる：싫어지다

① 課外授業→(　　　　　　　　　)

② 幼いとき→(　　　　　　　　　)

③ 子供を好きなので→(　　　　　　　　　)

④ 食事を食べたりします→(　　　　　　　　　)

⑤ 気持が平安で→(　　　　　　　　　)

⑥ 授業に入る→(　　　　　　　　　)

＊日本では科室(과실)という言い方はありません。大学によって学部生室と呼んだりゼミ室と呼んだりします。決まった言い方はないようです。

第5課　私の一日

 表現ノート

授業に関係がある言葉-2

○ 授業に出る

○ 授業を受ける

○ 授業を休む(病気など止むを得ない理由で欠席する)

○ 授業をサボる(単に行きたくない、遊びたいなどの理由で欠席する)

招待状を書きましょう
～道案内の練習

音楽会のお知らせ

　私達、さくら大学クラシックギター同好会は7月7日に七夕コンサートをします。音楽が好きな方はぜひ遊びに来てください。会場は緑区公民館の2階で、緑が丘駅から歩いて約10分です。緑が丘駅の東口を出ると横断歩道があります。横断歩道を渡ると右側にデパートがあります。デパートの前を歩いて、まっすぐ行くと、郵便局が見えます。郵便局のある角を右に曲がって、しばらく歩いていくと、右側にヤマザキスーパーがあります。公民館はスーパーのとなりの建物です。会場は2階です。

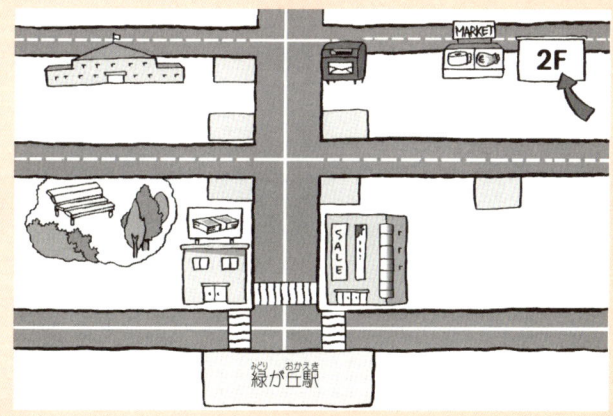

　スマップの「世界に一つだけの花」や小田和正の「キラキラ」など、みなさんもよく知っている曲を選んで演奏します。ぜひ来てください。

🔍 新しいことば

お知らせ：알림, 공지사항　　　七夕：칠월칠석　　　選ぶ：고르다
公民館：공민관 (시읍면에 주민의 교양, 건강, 생활 등의 향상을 위해 마련한 집회소)

● 道案内のことば

~にそって行く：~를 따라 가다　　~に出る：~에 나오다　　橋：다리

交差点：교차로, 사거리　　信号：신호　　横断歩道：횡단보도　　角：모퉁이

① ＶてＶ(意志動詞)／ ＶとＶ(状態動詞)

~하고~ (의지동사) ~하면~ (상태동사)

Ｖ：て形 ／ Ｖ：辞書形

1) デパートの前を歩いて、まっすぐ行きます。
2) 交差点を曲がって、橋を渡ってください。
3) 横断歩道を渡ると、右側にデパートがあります。
4) 二番目の角を右に曲がると、デパートが見えます。

練習問題

どうやって行きますか。地図を見て書きましょう。

1) 駅から公園まで ＿＿＿＿＿＿＿＿＿＿＿＿＿
2) 駅から学校まで ＿＿＿＿＿＿＿＿＿＿＿＿＿
3) 駅から映画館まで ＿＿＿＿＿＿＿＿＿＿＿＿

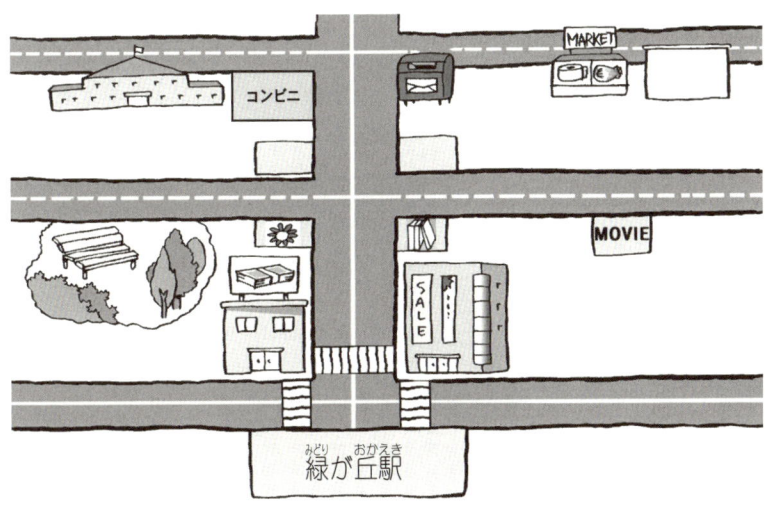

作文を書きましょう　　名前 [　　　　　　]

何かイベントを企画して、その招待状を書いてみましょう。最寄りの駅から会場までの説明をします。

_____月_____日に_____で_____をします。

例) 10月23日に渋谷駅の近くの「ふくちゃん」で港高校1995年卒業生の同窓会をします。

○ 会場は駅からどのくらいですか?
○ 駅からどうやって行きますか?
○ 略図も描いてください。

PART Ⅱ

　PART Ⅰまでは現在の自分について書く練習をしました。PART Ⅱでは、現在だけではなく、自分の過去や未来について、考えてみましょう。自分の未来を予想したり、過去を振り返ってみましょう。

第6課 もしタイムマシーンがあったら

もしタイムマシーンがあったら、みなさんは過去に戻りたいと思いますか。未来に行きたいと思いますか。いつの自分を見たいですか。過去や未来に行ったら、どんなことがしたいですか。タイムマシーンに乗った自分を想像しながら書いてみましょう。

モデル文

> ~たら
> どうですか。

　もしタイムマシーンが本当にあったら、私は高校時代に戻りたいです。そして、高校生の時にできなかったことをしたいと思います。
　例えば、ピアノを習いたいです。最近自分で練習し始めましたが、なかなか上手になりません。もっと早く習っておけばよかったと思っています。高校生の時から習っていれば、今練習している曲も簡単に弾けると思います。

> 例を挙げます。

　また、私が通っていた高校は女子高でした。もう一度高校生に戻れたら、女子高じゃなくて共学の高校に進学したいです。この間「世界の中心で愛を叫ぶ」という日本の映画を見ました。この映画の主人公は高校生のときに恋愛をします。私も、高校生のときに恋人がいればよかったと思いました。
　それから、あまりゲームをしないようにしたいです。実は私は高校生のとき、ゲームをしすぎて、目が悪くなってしまいました。今は眼鏡をかけていますが、いろいろ不便です。ですから、高校生に戻ったら、今度はゲームをあまりしないように気をつけたいです。

> ~たらどうですか。もう一度書きます。

　もし高校時代に戻って、もう一度いろいろなことをやり直したら、今とは全く違う生活になると思います。

🔍 新しいことば

戻る：돌아가다	なかなか：좀처럼 ~않다	曲：곡
弾く：(피아노, 기타 등을) 치다, 켜다	女子高：여자고등학교, 여고	共学：공학
叫ぶ：소리치다	恋愛をする：연애하다	恋人：애인
気をつける：조심하다	やり直す：다시하다, 고쳐하다	

文型

① ～たら(1) （仮定条件）　　　　　　　　　～(하)면(가정조건)

非現実的なことを仮定する場合に使います。

비현실적인 것을 가정하는 경우 사용합니다.

V：た形 / A：かった / NA：だった / N：だった

1) もしタイムマシーンが本当にあったら、私は高校時代に戻りたいです。

2) 生まれ変わったら、男の子になりたいです。

＊仮定条件の「たら」は「と」に交換することはできません。

⇨가정조건의「たら」는「と」로 바꿀 수 없다.

3) もしタイムマシーンが本当にあると、私は高校時代に戻りたいです。(×)

① ～たら(2) （確定条件）　　　　　　　　　～(하)면(확정조건)

Aが確定した後で次の行為や状態Bがあることを表します。

A가 확정된 뒤에 다음 행동이나 상태 B가 있는 것을 나타냅니다.

1) 卒業したら日本に留学するつもりです。

(× 卒業すると日本に留学するつもりです。)

2) 3時になったら電話をください。(× 3時になると電話をください。)

3) 時間があったら遊びに行きたいです。(× 時間があると遊びに行きたいです。)

4) 窓を開けたら虫が入ってきた。(○ 窓を開けると虫が入ってきた。)

5) 冷蔵庫を開けたらすいかがありました。

(○ 冷蔵庫を開けるとすいかがありました。)

##

1)のように話し手の意志的な行為や、2) 3)のような依頼、希望の文では「と」を使うことはできません。4)のように話し手の意志に関係のない行為や、状態性の動詞の場合は「と」を使うことができます。

⇨ 1)과 같이 화자의 의사에 의한 행동이나 2) 3)과 같이 의뢰, 희망의 문에서는 「と」를 쓸 수 없다. 4)와 같이 화자의 의도와 관계없는 행위나 상태성동사인 경우는 「と」를 쓸 수 있습니다.

「たら」に比べて「と」は恒常的な場合(「いつも~である」という場合)によく使います。

⇨ 「たら」에 비해서 「と」는 항상적인 경우(「いつも~である」인 경우)에 잘 쓰입니다.

6) 春になると、桜がきれいです。

● メモ ― 虫:벌레　すいか:수박　桜:벗나무

---

② ～ばよかった　　　　　　　　　　　～했더라면 좋았다

V：ば / A：ければ / NA：なら(ば) / N：なら(ば)

1) もっと早くピアノを習っておけばよかったと思っています。
2) 頭がとても痛いです。昨日お酒を飲まなければよかったです。

練習問題

例のように書きましょう。

> 例）試験がありました。勉強しなかったのでぜんぜんわかりませんでした。
> →もっと勉強すればよかったです。

(1) 買い物をたくさんしてしまいました。今お金がぜんぜんありません。

→ _____

(2) 歯を磨きませんでした。虫歯になってしまいました。

→ _____

(3) 毎晩お酒を飲みすぎました。太ってしまいました。

→ _____

(4) 髪を切りました。あまり似合いませんでした。

→ _____

● メモ ― 歯を磨く：이를 닦다　虫歯：충치　太る：살찌다　髪を切る：머리를 자르다　似合う：어울리다

---

③ ～すぎます　　　　　　　　　　　지나치게 ~합니다

　　　V：ます形 / A：Aい / NA：NAだ

1) ゲームをしすぎて、目が悪くなってしまいました。
2) 小さすぎて見えません。もう少し大きく書いてください。
3) 彼は話すのが速すぎて何を言っているかわかりません。

> ④ Vてしまいました　　　　　　　～해버렸습니다, ～하고 말았습니다
>
> V：て形

1) ゲームをしすぎて、目が悪くなってしまいました。
2) 昨日電車の中に携帯電話を忘れてしまいました。
3) せっかく宿題をしたのに、家に忘れてしまいました。

練習問題

例のように書きましょう。

> 例) テニスの試合を楽しみにしていたのに、(雨が降る)
> →テニスの試合を楽しみにしていたのに、雨が降ってしまいました。

(1) 夜遅くまで勉強をしようと思ったのに、(寝る)

→ _____

(2) 勇気を出して告白したのに、(ふられる)

→ _____

(3) せっかく新しいかばんを買ったのに、荷物を入れすぎて(破れる)

→ _____

(4) せっかく走ったのに、バスは(行く)

→ _____

● メモ ― 楽しみにする：기대하다　勇気を出す：용기를 내다　告白する：고백하다
　　　　ふられる：차이다　せっかく：모처럼

⑤ Vようにします　　　　　　　　　　~하도록 합니다

V：辞書形/ない形

1) あまりゲームをしないようにしたいです。
2) 健康のために野菜を食べるようにしています。
3) これからは遅刻しないようにしてください。

練習問題

例のように書きましょう。

例) 前の学期は毎日遅刻してしまいました。
　　→次の学期は遅刻しないようにしたいです。

(1) 去年は授業をよくサボってしまいました。

→今年は_____

(2) 今までは運動をあまりしませんでした。

→これからは_____

(3) 昨日お酒を飲んで酔っぱらってしまいました。

→これからは_____

(4) 夏休みは毎日12時頃起きました。

→これからは_____

● メモ ― 健康：건강　さぼる：(수업 등을) 게을리하여 가지 않다　酔っぱらう：취하다

第6課　もしタイムマシーンがあったら

友達にインタビュー

みなさんはどうしますか？〜たらを使って書いてみましょう。

タイムマシーンがあったら？

透明人間になったら？

好きではない人に告白されたら？

もう1度生まれ変わったら男性/女性になりたい！どうして？

作文の準備をしましょう

(?)たら…	(?) ＝
どんなことをしたいですか。例を挙げてみましょう。	
(?)たらどんな生活になるでしょうか。	

作文を書きましょう　　　名前 [　　　　　]

タイトル [　　　　　　　　　　　　]

- ~たらどうですか。
- 例を挙げます。
- ~たらどうですか。もう一度書きます。

第7課　うれしかったこと

この課では、授受表現を使って作文を書いてみましょう。ただ、何かをもらった、あげたというだけではなく、誰かのために何かをする、そのために感謝する、そうした恩恵の表現も学びます。

モデル文

> まず、何がありましたか。

　私は数年前に、採用通知をもらってこの国に来ました。最初は周りの人たちはみんな、私にとても親切にしてくれました。だから、私はこの国の人たちが好きになりました。しかし、そのうちに、仕事もむずかしくなり、いろいろな問題も起こりました。すると、職場の人たちはあまり助けてくれなくなりました。

> そしてどうなりましたか。誰がしてくれましたか。

　私はこの国の事情もわからないし、どうしたらいいかわからなくて、本当に困りました。その時、同じこの国の友達が私を助けてくれました。まだ言葉があまりできない私のためにいろいろな人に事情を説明してくれて、新しい職場も探してくれました。そして、心細い私のために、毎晩いっしょにいてくれて、話を聞いてくれました。

> 何がうれしかったですか。

　そのおかげで、私は今もこの国で元気に仕事をしています。このように困った時にそばにいてくれて、励ましてくれるのが本当の友達だと思います。私は今も、その友達に助けてもらったことを忘れません。これからは、私がその友達に自分のできることでお返しをしてあげたいと思っています。

🔍 新しいことば

採用通知：채용통지	周りの人：주위 사람	職場：직장
事情：사정	心細い：불안하다	励ます：격려하다, 북돋우다
お返し：답례, 답례품		

❗ 文型

> ① 授受表現（じゅじゅひょうげん）：あげる：주다
> もらう：받다
> くれる：주다

1) キムさんにマンガの本をあげました。
2) 田中さんにスカーフをもらいました。
3) パクさんがこのボールペンをくれました。

練習問題

例のように物のながれ(→)に会わせて、視点の違う文を二つずつ作ってみましょう。

> (例) 鉛筆(キム→パク)　キムさんはパクさんに鉛筆をあげました。
> パクさんはキムさんに鉛筆をもらいました。

(1) 花(私→妹)　　私は＿＿＿＿＿＿＿＿＿＿＿＿＿＿＿＿
　　　　　　　　妹は＿＿＿＿＿＿＿＿＿＿＿＿＿＿＿＿

(2) 辞書(田中→私)　田中さんは＿＿＿＿＿＿＿＿＿＿＿＿
　　　　　　　　　私は＿＿＿＿＿＿＿＿＿＿＿＿＿＿＿

(3) ビデオ(パク→田中)　パクさんは＿＿＿＿＿＿＿＿＿＿
　　　　　　　　　　　田中さんは＿＿＿＿＿＿＿＿＿＿

第7課　うれしかったこと

(4) ノート(キム→私)　　　キムさんは_____

　　　　　　　　　　　　　私は_____

(5) お菓子(山田→うちの子供)　山田さんは_____

　　　　　　　　　　　　　うちの子供は_____

ポイント

韓国語には「주다：あげる／くれる」、「받다：もらう」の別しかないので、「くれる」の概念を理解するのが難しいです。下記の図のように考えるとわかりやすいです。

⇨ 한국어에는「주다：あげる／くれる」,「받다：もらう」를 따로 사용하지 않아,「くれる」의 개념을 이해하는 것이 어렵습니다. 아래와 같이 생각하면 알기 쉽습니다.

　　　私　が　→(あげる)→　Xさん　に
　　　私　が　←(もらう)←　Xさん　に
　　　私　に　←(くれる)←　Xさん　が

・すなわち、「あげる」と「もらう」は物の流れが反対ですが、どちらも文の主体(この場合は「私」)が行う行為です。そして「もらう」と「くれる」はどちらも物の流れが文の主体に向かってきますが、「くれる」はあくまでも相手が行う行為であって、文の主体(私)が行う行為ではありません。

⇨ 즉,「あげる」와「もらう」는 물건의 흐름이 반대이지만, 둘 다 문의 주체(이 경우는「私」)가 행하는 행위입니다. 그리고「もらう」와「くれる」는 둘 다 물건의 흐름이 문의 주체를 향해 오지만,「くれる」는 어디까지나 상대방이 행하는 행위이며, 문의 주체(私)가 행하는 행위는 아닙니다.

・「くれる」の発話主体は、原則として話し手本人(すなわち「私」)ですが、発話主体が自己と同一視できて「うち」と認める存在には使うことができます。

⇨ 「くれる」의 발화주체는 원칙적으로 화자 본인 (즉「私」)이지만, 발화주체를 자신과 동일시 할 수 있어「うち」라고 인정되는 존재에게는 사용할 수 있습니다.

　　例「田中さんが妹に日本のおみやげをくれました。」

・与え手を表す助詞は、本来は物の流れを表すために「から」を用いていましたが、実際の会話では受け手を表す助詞と同様に「に」が使われることが多いです。しかし、与え手が組織や団体、機関などの場合は「から」を用いるのが望ましいです。

⇨주는 사람을 나타내는 조사는 본래 물건의 흐름을 나타내기 위해 「から」를 사용했지만, 실제 회화에서는 받는 사람을 나타내는 조사와 마찬가지로 「に」가 쓰이는 경우가 많습니다. 하지만 주는 사람이 조직이나 단체, 기관 등인 경우는 「から」를 사용하는 것이 바람직합니다.

例「私はキムさんに本をもらいました。」

例「私は国から奨学金をもらっています。」

---

② Vてあげる：～해 주다
Vてもらう：～해 받다
Vてくれる：～해 주다(내가 받을 때만)

V：て形

・物のやりとりではなく、行為について用いて恩恵や感謝の意を表します。

⇨물건을 주고받는 것이 아닌, 행동에 대해 사용하며 은혜나 감사의 뜻을 나타냅니다.

1) 急に雨が降ったので、傘を貸してあげました。
2) 姉に宿題を手伝ってもらいました。
3) 母がセーターを送ってくれました。

練習問題

例のように物のながれ(→)に合わせて、視点の違う文を二つずつ作ってみましょう。

(例) 荷物を持つ(キム→パク) キムさんはパクさんの荷物を持ってあげました。

パクさんはキムさんに荷物を持ってもらいました。

(1) 本を読む(母→子供)　　　母は _____
　　　　　　　　　　　　　　子供は _____

(2) 持つ(キム→私)　　　　　キムさんは _____
　　　　　　　　　　　　　　私は _____

(3) 手紙を書く(田中→山本)　田中さんは _____
　　　　　　　　　　　　　　山本さんは _____

(4) 食事をごちそうする(パク→私)　パクさんは _____
　　　　　　　　　　　　　　私は _____

(5) 日本語を教える(私→ソン)　私は _____
　　　　　　　　　　　　　　ソンさんは _____

ポイント

・「～てもらう」と「～てくれる」は発話主体を変えた同じ行為を表現する言い方で、どちらを使えばいいかはニュアンスの違いによります。

⇨ 「～てもらう」와 「～てくれる」는 발화주체를 바꾸어 같은 행위를 나타내는 말로, 어느 쪽을 써야하는가는 뉘앙스에 따라 달라집니다.

例「(私がお願いして)先輩に宿題を手伝ってもらった。」

例「(私は断ったが)先輩が宿題を手伝ってくれた。」

③ ～か(疑問文の引用)　　　　　　～인가, ～인지(의문문의 인용)

V/A/NA/N：普通体(NAだ→NAだ/Nだ→Nだ)

疑問詞＋ か	～인가, ～인지	わからない
(yes/no)疑問文＋ かどうか	～인지 어떤지	知らない / きく(きいてみる)

1) あの方がどなたか知りませんでした。

2) 試験はいつか先生にきいてみましょう。

3) 明日までにできるかどうかわかりません。

4) パクさんもパーティーに来るかどうかきいてみてください。

練習問題

例のように文を作りましょう。

(例) (試験はいつ？)→試験はいつあるかわかりません。

(1) (あの人は誰？)→ _____

(2) (会議室はどこ？)→ _____

(3) (田中さんが行く？)→ _____

(4) (キムさんはお酒が強い？)→ _____

(5) (この辞書はいい？)→ _____

④ ～し、～から(理由)　　～하고, ～하니까(이유)

V/A/NA/N：普通体

1) 今日は疲れたし、夜も遅いから眠いです。

2) 東京は人も多いし、物価も高いから行きたくないです。

3) ホンさんは親切だし、頭もいいから相談してみます。

4) 田中さんは学生だし、まだ若いからわからないでしょう。

練習問題

例のように、質問に答えて文を作りましょう。

答えのヒント

> 暑い　高い　安い　多い　少ない　いい　悪い　古い　新しい　涼しい
> 狭い　広い　おいしい　背が高い　やさしい　頭がいい　学生　女性　男性
> 親切だ　きれいだ　静かだ　にぎやかだ　ハンサムだ　太っている　やせている

（例）どうして、あのホテルをよく利用しますか。

　　　ーあのホテルは静かだし、きれいだからです。

(1) どうして、李さんは人気がありますか。

_____

(2) どうして、この店はお客さんが多いですか。

_____

(3) どうして、藤井先生が好きですか。

_____

(4) どうして、明洞に行きますか。

_____

(5) どうして、この下宿が気に入りませんか。

_____

作文の準備をしましょう

あなたが今までで一番うれしかったことは何ですか。	
あなたは、その時どんなことをしてもらいましたか。（できるだけ具体的に書きましょう。）	
あなたはこの経験についてどう思っていますか。	
今後、あなたが人に何かしてあげたいことがありますか。	

あなたが今までで一番うれしかったことは何ですか。

- いつのことですか。
- 誰にしてもらった？
- どんなこと？
- どうしてうれしかった？
- あなたがしてあげたいことは？

作文を書きましょう　　　名前 [　　　　　　　]

タイトル [　　　　　　　　　　　　　　　　　]

まず、何が
ありましたか。

そしてどうなりま
したか。誰がし
てくれましたか。

何がうれしかっ
たですか。

第8課 一人暮しをしてから変わったこと

10年前の自分と今の自分を比べてみましょう。どんなことが変わりましたか。そのきっかけは何ですか。大学に入って変わりましたか。サークルに入って変わりましたか？留学をして変わりましたか。それとも・・・？今までの自分を振り返りながら、どのようなことが変わったか説明できるように、変化の表現を勉強しましょう。

モデル文

[一人暮しをしてから変わったこと]

変わったきっかけ

　私は大学1年生の時から一人暮しをしています。一人暮しを始めてから変わったことはいろいろあります。一人暮しをしてよかったこともあるし、よくなかったこともあります。

〜てよかったこと

　よかったことは自分で料理を作るようになったことです。家族といっしょに暮していたときは、料理を自分で作ったことはぜんぜんありませんでした。一人で暮すようになって、最初は料理がまったくできなかったので本当に困りました。母に聞きながら、少しずつ覚えて、最近は自分で料理が作れるようになりました。

　それから家族の大切さがわかるようになりました。今まで料理も洗濯も掃除も全て母がしてくれました。一人暮しをして初めて家事の大変さを知りました。

〜てよくなかったこと

　でも、いいところだけではありません。一人暮しの生活は私の行動を注意する人はだれもいません。とても自由な生活です。そのせいで最近は夜寝るのが遅くなってしまいました。毎日インターネットをしたり、ゲームをしたりして、自分でも気が付かないうちに夜の2時や3時になってしまいます。

○○はあなたにとってどんな経験？

　一人暮しの生活は私にとって本当にいい経験だと思っています。いろいろ大変ですが、この経験を通して得るものも多いと思います。

🔍 新しいことば

一人暮し：혼자 사는 것	大切さ：소중함	家事：집안 일
行動：행동	注意する：주의하다	得る：얻다

！文型

① Vようになりました　Aくなりました　NAになりました

~하게 되었습니다, ~해졌습니다

V：可能形　できなかったことができるようになること
V：辞書形　習慣の変化

1) 娘が歩けるようになりました。
2) アルバイトを始めてから、夕食を外で食べるようになりました。
3) 中学生になって、背が高くなりました。
4) 近所に地下鉄の駅ができてから、便利になりました。
5) 兄は子供が生れてからタバコを吸わなくなりました。（×吸わないようになりました）

練習問題

例のように書きましょう。

例）以前はあまり運動をしませんでしたが、最近は運動を(するように)なりました。

1) 昔は背が低かったですが、今は背が(　　　　)なりました。
2) 学校の周りは昔は静かでしたが、今は(　　　　)なりました。
3) 以前はお酒をまったく飲みませんでしたが、大学に入学してから
(　　　　)なりました。
4) 昔は連絡をするとき手紙を書きましたが、最近はメールがあるので、手紙を
(　　　　　　)なりました。

5) 最初はまったく日本語が話せませんでしたが、日本人留学生のチューターを始めてから少し(　　　　)ようになりました。

6) 学生のときは毎日朝ごはん食べましたが、社会人になってから毎日忙しくて、朝ごはんを(　　　　)なりました。

練習問題

どのように変わりましたか？書いてみましょう。

> 大学に入って、軍隊に行って、＿＿＿＿に留学をして、＿＿＿＿を旅行して＿＿＿＿を始めて、恋人ができて・・・

---

② ～し(並列)　　　　　　　～하고, ～하고(동격의 추가, 나열, 병렬)

V/A/NA/N：普通体

1) 一人暮らしをしてよかったこともあるし、よくなかったこともあります。

2) 今日は、暑くもないし、寒くもないし、気持がいいですね。

3) このアパートは駅から近いし、隣に大きいスーパーもあるし、それにきれいです。

ポイント

- 「〜て〜」と「〜し〜」

時間的な継起関係がある場合には「〜て〜」を用います。

⇨ 시간적으로 잇따라 일어나는 관계에 있는 경우는 「〜て〜」를 사용합니다.

　3時に駅で会って、3時半から映画を見た。（×3時に駅で会ったし、3時半から映画を見た。）

「AてB」は単に二つの事柄を述べますが、「AしB」は「AだけでなくBも」というニュアンスがあります。

⇨「AてB」는 단순히 두 개의 일을 서술하지만, 「AしB」는「A뿐 아니라 B도」라는 뉘앙스가 있습니다.

- 〜し(理由)(第7課文型④参照)

2つ以上の理由があることを含みます。理由であることを明確にするために「〜し、〜から」の文型をとることもあります。

⇨ 두 개 이상의 이유가 있는 것을 포함한다. 이유라는 것을 명확히 하기 위해「〜し, 〜から」문형이 쓰이는 경우도 있습니다.

1) 明日映画を見に行きませんか。—明日はちょっと・・・。宿題もあるし、来週からテストだし。
2) この店は人気がありますね。—そうですね。安いし、おいしいですから。

③ 形容詞の名詞化（〜さ）　　　　　　　　형용사의 명사화 (〜ㅁ)

1) 家族の大切さがわかるようになりました。
2) 郵送料は重さによって違います。

> ④-1 うちに　　　　　　　　　　　　　　～하는 동안, ～일 때, ～사이에
> 　Aの状態ではなくなるまえにBをする
> 　A의 상태가 없어지기 전에 B를 한다

1) 晴れているうちに洗濯をしよう。
2) 学生のうちに外国旅行をしよう。
3) 明るいうちに家に帰ります。
4) 家族が帰ってこないうちに部屋の片付けをします。
5) 暗くならないうちに帰ったほうがいいですよ。

ポイント

- 「うちに」と「まえに」

（天気予報で雨が3時頃から降ると言っていました。雨が降ってから帰るのは大変ですから、2時頃に帰りたいと思っています。）

1) 雨が降らないうちに帰りましょう。
2) 晴れているうちに帰りましょう。
3) 雨が降るまえに帰りましょう。

「まえに」と「うちに」は同じ状況で使うことができますが、前の動詞に注意しましょう。「まえに」がBの状態を指しているのに対して、「うちに」はBになる前のAを指します。

⇨ 「まえに」와 「うちに」는 같은 상황에서 쓰일 수 있지만, 앞에 오는 동사에 주의해야합니다. 「まえに」가 B의 상태를 가리키는 데에 반해, 「うちに」는 B가 되기 전의 A를 가리킵니다.

A	B
雨が降っていない、晴れている	雨が降っている

雨が降る

> ④-2 うちに
> 　　Aの状態が続いている間にいつのまにかBをする／Bになる
> 　　A의 상태가 계속되고 있는 동안 어느 샌가 B를 하다／B가 되다

1) 自分でも気がつかないうちに夜の2時や3時になってしまいます。

2) 知らないうちに寝てしまいました。

3) 橋本さんはしばらく会わないうちに、すっかり大人っぽくなりました。

● メモ ─ しばらく：잠시, 당분간　すっかり：완전히　大人っぽい：어른스럽다

> ⑤ せいで　　　　　　　　　　　　　　　　～탓으로

1) 夜中にゲームをするせいで、最近は夜寝るのが遅くなってしまいました。

2) 交通事故のせいで、授業に遅れてしまいました。

ポイント

「せいで」話し手にとってよくない結果が生じた場合に使います。
⇨화자에게 있어서 좋지 않은 결과가 발생한 경우 씁니다.
　1) 雨のせいで、靴が汚れた。

話し手にとって良い結果が生じた場合には「おかげで」を使います。
⇨화자에게 있어서 좋은 결과가 발생한 경우에는 「おかげで」를 씁니다.
　2) 雨のおかげで、今年は豊作だ。

練習問題

1) 携帯電話のおかげで＿＿＿＿＿＿＿＿＿＿＿＿＿＿＿＿＿＿＿＿＿＿＿＿＿
2) 携帯電話のせいで＿＿＿＿＿＿＿＿＿＿＿＿＿＿＿＿＿＿＿＿＿＿＿＿＿＿
3) 近くに地下鉄の駅ができたおかげで＿＿＿＿＿＿＿＿＿＿＿＿＿＿＿＿
4) 近くに地下鉄の駅ができたせいで＿＿＿＿＿＿＿＿＿＿＿＿＿＿＿＿＿

● メモ ― 汚れる：더러워지다　豊作：풍작

---

⑥ Nにとって　　　　　　　　　　　　　　～에게 있어서

1) 一人暮しの生活は私にとって本当にいい経験だと思っています。
2) 留学生にとって日本の交通費の高さは大問題です。

---

⑦ Nを通して　　　　　　　　～을 통해, (처음부터 끝까지)계속

1) この経験を通して、得るものも多いと思います。
2) ハワイは一年を通して平均気温が25度以上です。

作文の準備をしましょう

(？)てから変わったこと	？ =

よかったことは何ですか。	

よくなかったことは何ですか。	

〇〇の変化はあなたにとってどのような経験ですか。	

(　　　　)前　　　　　　　(　　　　　　)てから
　　　　　　　(　　　　)

(　　)前はどうでしたか　　　どのように変わりましたか

よかったことは？　　　　　よくなかったこともありますか？

作文を書きましょう　　名前 [　　　　　　]

タイトル [　　　　　　　　　　　　　　　]

- 変わった きっかけ
- ～てよかったこと
- ～てよくなかったこと
- ○○はあなたにとってどんな経験？

お礼状を書きましょう

[誕生日プレゼントのお礼状]

> まずお礼を書きましょう。

リーさん、先日はどうもありがとうございました。私は今年の誕生日に、リーさんたちにもらった誕生日プレゼントが、本当にうれしかったです。

> 何について感謝していますか。

日本では大人になると、あまり誕生日を祝いませんが、韓国では誕生日をとても大切に考えるのですね。それで、韓国で知り合った友達が、みんなでプレゼントをくれたときは、とても驚きました。あの時、もらった韓国の民芸品もすばらしいですが、それよりも、リーさんをはじめとする友達全員のメッセージが書かれたカードと記念写真がもっとうれしかったです。韓国での私の思い出が、そこに全部詰まっている気がします。この寄せ書きと写真は、これからの私の人生の宝物にします。

> 自分はお礼に何をしたいですか。

いつかリーさんが日本に来ることがあったら、必ず連絡してくださいね。今度は、リーさんが日本ですてきな思い出を作るために、私が日本のすばらしいところを見せてあげたいと思います。

それでは、またお手紙書きます。どうぞお元気で。

🔍 新しいことば

~を祝う：~을 축하하다
思い出：추억
宝物：보물

民芸品：민예품, 생활 수공예품
メッセージ：메세지
寄せ書き：여럿이 한 장의 종이에 서화를 쓰는 일, 또 그렇게 해서 쓴 것

! 文型

> ① Nのうちで／Nの中(なか)で 一番(いちばん)　　　～중에서 가장

1) クラスの中(なか)で一番(いちばん)背(せ)が高(たか)いのは誰(だれ)ですか。
2) 私(わたし)は季節(きせつ)の中(なか)で春(はる)が一番嫌(いちばんきら)いです。
3) 一年(いちねん)のうちでは2月(がつ)が一番寒(いちばんさむ)いです。

練習問題

例(れい)のように、下線部(かせんぶ)を埋(う)めて文(ぶん)を作(つく)りましょう。

> 例1) 世界中(せかいじゅう)で、東京(とうきょう)の物価(ぶっか)が一番高(いちばんたか)いです。
>
> 例2) 私(わたし)が今(いま)まで食(た)べたものの中(なか)で、一番辛(いちばんから)かったのは四川料理(しせんりょうり)です。

(1) ＿＿＿＿＿の中(なか)で、一番好(いちばんす)きなのは＿＿＿＿＿＿＿＿＿＿＿＿＿＿＿。

(2) ＿＿＿＿＿の中(なか)で、一番安(いちばんやす)いのは＿＿＿＿＿＿＿＿＿＿＿＿＿＿＿。

(3) ＿＿＿＿＿＿＿＿＿＿＿＿＿＿が一番(いちばん)おいしかったです。

(4) 私(わたし)は＿＿＿＿＿＿＿＿＿＿＿＿＿が一番暇(いちばんひま)です。

(5) 動物(どうぶつ)の中(なか)で一番(いちばん)＿＿＿＿＿のは＿＿＿＿＿＿＿＿＿＿です。

作文の準備をしましょう

今までもらったプレゼントのうちで、一番心に残るプレゼントは何ですか。	
それはいつ、誰からもらいましたか。	
どうして心に残りましたか。	
今、そのプレゼントはどこにありますか。	
あなたは、人にどんなプレゼントをあげたいですか。	

おれい状を書きましょう

作文を書きましょう

名前 [　　　　　　　]

タイトル [　　　　　　　　　　　　　　]

> まずお礼を書きましょう。

> 何について感謝していますか。

> 自分はお礼に何をしたいですか。

PART Ⅲ

　PARTⅡまでは自分のことや日常生活のことについて書く練習をしました。PARTⅢでは、もう少し視野を広げてみましょう。ここでは日本人の友達に自分の国の文化について紹介できるように、また、より社会的な問題についても書けるように練習していきます。

第9課　韓国を紹介しようⅠ

第9課と第10課では韓国について紹介してみましょう。まず、この課では、韓国の有名な観光地について説明する練習をします。あなたは韓国のどんな観光地を紹介したいですか。

モデル文

[慶州(ギョンジュ)]

> まず紹介したい所の概要を書きましょう。

　皆さん、慶州を知っていますか。慶州は慶尚道にある古都です。三国時代の新羅という国の都でした。今も町の中にたくさんの古墳があります。一番有名なのは「天馬塚(チョンマチョン)」という古墳です。中から金と翡翠でできた王冠が見つかりました。

> その場所について詳しく紹介しましょう。

　慶州には仏国寺(ブルククサ)という有名なお寺があります。石窟庵(ソックラム)という石窟寺院とともに、1995年にユネスコの世界遺産として登録されました。そしてその釈迦塔は10ウォン硬貨にも描かれています。慶州市内には他にも東洋で一番古い天文台だといわれている瞻星台(チョムソンデ)や悲しい伝説のあるエミレの鐘、そして、海岸沿いの甘浦(カムポ)には、世界でも珍しい海の中の古墳、文武大王陵(ムンムデオウリョウ)など、国宝や文化財がたくさんあります。

> あなたがその場所について思っていることを書きましょう。

　慶州は韓国の長い歴史と高い文化を誇る町です。春には桜の並木もたいへん美しいです。ぜひ一度慶州に来てください。

🔍 新しいことば

古都：고도, 옛 도읍지	古墳：고분	翡翠：비취
王冠：왕관	石窟寺院：석굴사원	世界遺産：세계유산
釈迦塔：석가탑	硬貨：동전	天文台：천문대
海岸沿い：해안을 따라 남	国宝：국보	文化財：문화재
～を誇る：～을 자랑하다	並木：가로수	

文型

① ～という+N　　　　　　　　　　　~라고 하는 N

1) 中田さんという人を知っていますか。
2) あれは雪嶽山という山です。

練習問題

例のように（　）内の言葉について、「という」を使って、韓国を紹介する文を作ってみましょう。

例）（ムグンファ）→これは「ムグンファ」という花で、韓国の国花です。

(1) （智異山）→ _____
(2) （『洪吉童伝』）→ _____
(3) （世宗大王）→ _____
(4) （鏡浦台）→ _____
(5) （南大門）→ _____

② れる / られる (受身形)

1) この本は世界中で読まれています。

2) この壁画は高麗時代に描かれました。

3) ハングルは世宗大王が作ったといわれています。

4) 『洪吉童伝』は許筠によって書かれました。

練習問題

例のように受身文を使って、韓国を紹介する文を作ってみましょう。

> (例)(建つ)→慶福宮は14世紀に建てられました。

(1) (書く)→ _____

(2) (作る)→ _____

(3) (建つ)→ _____

(4) (描く)→ _____

(5) (読む)→ _____

作文の準備をしましょう

あなたが紹介したい韓国の有名な場所はどこですか。	
そこには何がありますか。 それはどうして有名ですか。 有名な食べものやおみやげは何ですか。	
外国の人に紹介したい理由は何ですか。	
その場所(町、建物、山など)について、どう思いますか。	

友達にインタビュー

あなたが紹介したい韓国の有名な場所はどこですか。	
そこには何がありますか。それはどうして有名ですか。有名な食べものやおみやげは何ですか。	
外国の人に紹介したい理由は何ですか。	
その場所(町、建物、山など)について、どう思いますか。	

作文を書きましょう　　名前 [　　　　　　]

タイトル [　　　　　　　　　　　　　　　　]

> まず紹介したい所の概要を書きましょう。

> その場所について詳しく紹介しましょう。

> あなたがその場所について思っていることを書きましょう。

第10課 韓国を紹介しようⅡ

第9課では韓国の有名な観光地を紹介しましたが、この課では、最近アジアの国々で人気がある韓国のドラマや映画、韓流スターについて紹介してみましょう。

モデル文

[ペ・ヨンジュンさん]

> 誰について紹介するか大まかに書きましょう。

　ペ・ヨンジュンさんは韓国のタレントです。「冬のソナタ」というドラマに出演して、日本や台湾などでとても人気が出ました。そのドラマのロケ地である春川やナミ島には日本や台湾からの観光客がたくさん来ています。

> その人について詳しく書きましょう。

　ペ・ヨンジュンさんがこんなにアジアの女性たちに人気があるのは、ハンサムで格好いいからだけではなく、まじめで誠実な人柄のためです。ファンをとても大切にして、自分の「家族」と呼んでいます。それで、日本ではヨンジュンさんと同じ飛行機に乗りたいから、その日の飛行機を全部予約したり、韓国で5万ウォンのコンサートのチケットを6万円で買ったりする人たちまでいます。だから違法なコピー商品を売る人や、普通より値段を高くする旅行社も出てきました。気持ちはわかりますが、いくら好きでも、このような商法にのるのはやめたほうがいいと思います。

> あなたがどうおもっているか書きましょう。

　しかし、韓国のタレントや歌手が人気があって、そのために他のアジアの国の人たちが韓国に興味を持って文化を学ぶことはとてもいいことだと思います。

🔍 新しいことば

タレント：탤런트	出演：출연	人気が出る／ある：인기가 있다
ロケ地：야외촬영지	まじめだ：착실하다, 성실하다, 진지하다	
誠実だ：성실하다	人柄：인품, 성품	違法：위법
コピー商品：복제품	商法(にのる)：상술(에 속다, 넘어가다, 빠지다)	

! 文型

① ～ほうがいいです　　　～하는 편이 좋다/~하지 않는 편이 좋다

V：た形 / ない形　A：Aい　NA：NAな　N：Nの

1) 健康のためにたばこをやめたほうがいいです。

2) 道が混むので、早く出発したほうがいいです。

3) そんなにたくさん、食べないほうがいいです。

練習問題

例のように、いくつかアドバイスをしましょう。

(例) 熱があります。→早く帰って寝たほうがいいです。薬を飲んだほうがいいです。

(1) 喉が痛いです。

→ _____

(2) 明日は試験です。

→ _____

(3) 5kgも太りました。

→ _____

(4) 日本へ留学したいです。

→ _____

(5) 友達とけんかしました。

→ _____

② ～ために(原因・目的)　　～때문에, ～위해서(원인, 목적)

V/A/NA/N：普通体(NA→NAな/N→Nの)

(原因)

1) 雨のために試合が中止になりました。

2) このドラマのために、春川(チュンチョン)は有名になりました。

(目的)

3) 家族のために、彼は一生懸命働きました。

4) 留学するためにアルバイトをしています。

練習問題

① 「ために」の意味(原因/目的)を考えて書きましょう。

(例) 台風のために電車が遅れています。→(原因)

(1) 子供のために親は犠牲になることが多い。→(　　　)

(2) 一人の失敗のために、全員が責任を取らされた。→(　　　)

(3) 社会人のために作られた国語辞典です。→(　　　)

(4) あなたのために、みんなが迷惑していますよ。→(　　　)

(5) 秋夕(チュソク)のために、店が閉まっています。→(　　　)

②次の言葉に続けて、文を作りましょう。

(1) 昨日の地震のために、＿＿＿＿＿＿＿＿＿＿＿＿＿＿＿＿＿＿＿＿

(2) 健康のために、＿＿＿＿＿＿＿＿＿＿＿＿＿＿＿＿＿＿＿＿＿＿

(3) 友達のために、＿＿＿＿＿＿＿＿＿＿＿＿＿＿＿＿＿＿＿＿＿＿

(4) 大雨のために、＿＿＿＿＿＿＿＿＿＿＿＿＿＿＿＿＿＿＿＿＿＿

③ ～と(引用)　　　　　　　　　　　　　～라고

V/A/NA/N：普通体

1) キムさんが行くと言いました。

2) その計画はいいと思います。

3) この旅館は清潔だと思いますよ。

4) 田中さんはまだ学生だと言っていましたね。

第10課　韓国を紹介しようⅡ

練習問題

小林さんが言ったことばを引用してください。

> （例）小林さんが、韓国料理はとてもおいしいと言いました。

(1) ＿＿＿＿＿＿＿＿＿＿＿＿＿＿＿＿＿＿＿＿＿＿＿＿＿＿＿＿＿＿
(2) ＿＿＿＿＿＿＿＿＿＿＿＿＿＿＿＿＿＿＿＿＿＿＿＿＿＿＿＿＿＿
(3) ＿＿＿＿＿＿＿＿＿＿＿＿＿＿＿＿＿＿＿＿＿＿＿＿＿＿＿＿＿＿
(4) ＿＿＿＿＿＿＿＿＿＿＿＿＿＿＿＿＿＿＿＿＿＿＿＿＿＿＿＿＿＿
(5) ＿＿＿＿＿＿＿＿＿＿＿＿＿＿＿＿＿＿＿＿＿＿＿＿＿＿＿＿＿＿

例）韓国料理はとてもおいしいです。

(3)ソウルは人も車も多いです。

(1)釜山にはもう行きました。

(4)慶州は静かできれいでした。

(2)明日は休みです。

(5)済州道に行ってみたいです。

小林さん

| いくら〜ても | 아무리~해도, ~여도, 라도 |

V：て形 / A：Aくて / NA：NAで / N：Nで

1) あの人はいくら食べても、ふとりません。

2) いくら暑くても、そんな服装はよくないです。

3) いくら嫌いでも、あいさつぐらいはしたほうがいいです。

4) 今はいくら黒字でも、油断してはいけません。

作文の準備をしましょう

今、韓流スターと呼ばれる人たち中で、日本で人気のある人は誰ですか。	
その人は、どうして人気がありますか。	
その人は日本ではどのような活動をしていますか。韓国ではどうですか。	
あなたはそのことについて、どう思いますか。	

友達に インタビュー

あなたの好きなタレント
　　　　　　さん

誰が一番好きですか？

どんなドラマや映画に出ていますか？

どうして好きですか？

日本でも活躍していますか？

その他のタレントを紹介してください。

第10課　韓国を紹介しようⅡ

作文を書きましょう

名前 [　　　　　　　]

タイトル [　　　　　　　　　　　　]

> 誰について紹介するか大まかに書きましょう。

> その人について詳しく書きましょう。

> あなたがどうおもっているか書きましょう。

第11課　連絡手段の20年前と今とこれから

8課では過去の自分と今の自分を比べて、変わったことについて書きました。この課では、視野を社会全体に広げてみましょう。20年前の社会と今を比べてみましょう。また20年後を想像してみましょう。この課では変化の表現に加えて、推測・予測の表現を学びましょう。

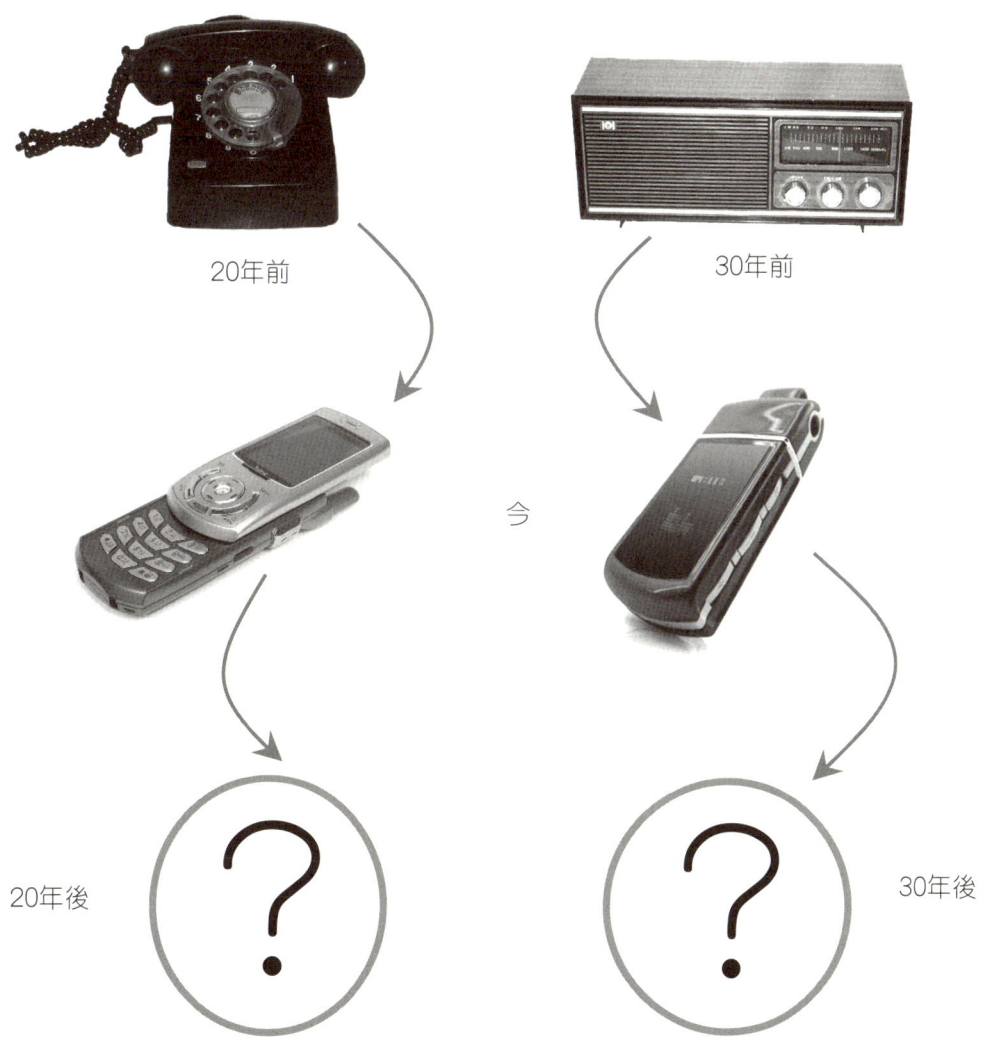

20年前　　　　　　　　30年前

今

20年後　　　　　　　　30年後

モデル文

[連絡手段の20年前と今]

> 何について書きますか。

　私達の連絡手段は、20年前と比べて大きく変わりました。20年前は友達に連絡をするとき、家の電話に電話をかけなければなりませんでした。でも、今は携帯電話があるので、簡単に連絡できるようになりました。

> 20年前はどうでしたか。2つ例を挙げましょう。

　20年前は、友達と待ち合わせをして遅れそうなとき、連絡することができませんでした。約束の場所を間違えたとき、友達に会えないまま家に帰ったこともありました。しかし、今は友達と会うとき、具体的に場所を決めないで、「着いたら連絡して」と言うことも多いです。また、携帯電話がなかったときに比べて、遅刻をよくするようになったかもしれません。

　また、家の電話に電話をかけていたときは、夜遅くに電話をかけることができませんでした。家族の人の迷惑になるからです。今はいつでも電話をかけることができます。いつでも友達とつながっているという安心感があります。

> 20年後はどうなると思いますか。

　20年前には歩きながら友達と話ができるなんて想像もできませんでした。20年後はどのように変わるのでしょうか。子供から大人まで携帯電話を持っていない人はいなくなるでしょう。もしかしたら、電話は手で持つものではなくて、体の一部に埋められるICチップになるかもしれません。携帯電話が今以上にいろいろな機能を持つようになるでしょう。20年後が楽しみです。

🔍 新しいことば

連絡手段(れんらくしゅだん)：연락수단
待ち合わせをする(まちあわせ)：약속을 정하고 만나다
具体的(ぐたいてき)：구체적
遅れる(おくれる)：늦다
間違える(まちがえる)：잘못하다, 틀리다
迷惑になる(めいわく)：폐가 되다
遅刻する(ちこく)：지각하다
夜遅く(よるおそく)：밤늦게
想像(そうぞう)：상상
つながる：이어지다
安心感(あんしんかん)：안심감
楽しみだ(たのしみ)：기대되다
埋める(うめる)：묻다
機能(きのう)：기능

❗ 文型

① Nと/に比べて　　　　　　　　　　　　　～와 비교해서, ～에 비해서

1) 私達の連絡手段は、20年前と比べて大きく変わりました。

2) 私の会社は姉の会社と比べて、休みが多いです。

② ～まま　　　　　　　　　　　　　　　～한 채, ～하지 않은 채

V：た形 / ない形　　A：Aい　NA：NAな　N：Nの

1) 昨日は疲れていたので、服を着たまま寝てしまいました。

2) 窓を開けたまま、出かけてしまいました。

3) 友達に会えないまま家に帰ったこともありました。

4) テストのために徹夜をしましたが、何も勉強しないまま朝になりました。

🔶 ポイント

「～ないまま」の代わりに「（ない形）＋ずに」を使うことが多いです。
⇨ 「～ないまま」대신에「(ない形)＋ずに」를 사용하는 경우도 많습니다.

1) 友達に会えずに家に帰ったこともありました。

2) 彼は何も言わずに部屋を出ていきました。

「する＋ずに」は「せずに」になりますから注意しましょう。
⇨ 「する＋ずに」는「せずに」가 되므로 주의해야 합니다.

3) テストのために徹夜をしましたが、何も勉強せずに朝になりました。

練習問題

例のようにかきましょう。

> 例） くつのひもが(ほどける)まま、歩いています
> →くつのひもがほどけたまま歩いています

1) (電気をつける)まま寝ています。 →＿＿＿＿＿＿＿＿＿＿＿＿＿＿＿＿

2) (片付けない)まま出かけました。 →＿＿＿＿＿＿＿＿＿＿＿＿＿＿＿

3) 欧米では(靴をはく)まま部屋の中に入ります。 →＿＿＿＿＿＿＿＿＿＿＿＿

4) (ちゃんと洗わない)まま片付けます。 →＿＿＿＿＿＿＿＿＿＿＿＿＿＿

5) ＿＿＿＿＿＿＿＿＿＿＿＿＿＿まま、寝てしまいました。

6) ＿＿＿＿＿＿＿＿＿＿＿＿＿＿まま、出かけました。

7) ＿＿＿＿＿＿＿＿＿＿＿＿＿＿まま、学校に行きました。

● メモ — 徹夜をする：철야하다　ほどける：풀리다　欧米：구미

> ④ ～なんて信じられません／想像もできません
> 　　　　　　　　～라니 믿을 수 없습니다/상상할 수도 없습니다

1) 歩きながら友達と話ができるなんて想像もできませんでした。

2) 彼女が歌手になるなんて信じられない。

3) まさか、あの人が合格するなんて…。

⑤ 判断の表現
⑤-1 でしょう/だろう(断定を避ける表現)　~겠죠(단정을 피하는 표현)

> V/A/NA/N：普通体(NA→NAだ/N→Nだ)

事実かどうかがはっきりと分からない出来事について、断定しないで述べます。
⇨사실인지 어떤지를 확실히 모르는 사건에 대해 단정하지 않고 진술합니다.

1) 子供から大人まで携帯電話を持っていない人はいなくなるでしょう。
2) 携帯電話が今以上にいろいろな機能を持つようになるでしょう。
3) 最近は景気は悪いから、就職活動をしている学生は大変だろう。

ポイント

何か状況があって、その理由や事情を推測して述べる場合は「のだろう」の形になります。
⇨무언가 상황이 있어서, 그 이유나 사정을 추측하여 진술하는 경우「のだろう」의 형태가 됩니다.

1) 彼女はずっと泣いている。何か悲しいことがあったのだろう。
2) 高速道路が非常に込んでいる。どこかで事故があったのだろう。

⑤-2 かもしれません(可能性を表す表現)
~일지도 모릅니다(가능성을 나타내는 표현)

> V/A/NA/N：普通体(NA→NAだ/N→Nだ)

ある事柄の可能性を述べます。
⇨어떤 일의 가능성을 진술합니다.

1) もしかしたら、電話は体の一部に埋められるICチップのようなものになるかもしれません。
2) いつか私達も簡単に宇宙旅行ができる日が来るかもしれません。

> ⑤-3 にちがいありません(確信を表す表現)
> 　　　　　　　　　　~임에 틀림없습니다(확신을 나타내는 표현)
>
> V/A/NA/N：普通体(NA→NAだ/N→Nだ)

　確かなことは分からないが、そうだと決めつけるという意味です。直感的な確信にも用いることができるため、思い込みというニュアンスを帯びる場合があります。

　⇨확실한 것은 모르지만 그렇다고 단정한다는 의미입니다. 직감적인 확신에도 사용할 수 있기 때문에, 자기 나름대로 판단하여 굳게 믿는다라는 뉘앙스를 띠는 경우가 있습니다.

1) あの二人はいつも一緒にいる。付き合っているにちがいない。
2) 田中さんはいつも図書館で勉強している。試験に合格するにちがいない。

● ことば

たぶん おそらく きっと	にちがいない だろう
ひょっとすると(ひょっとしたら) もしかすると(もしかしたら)	かもしれない

練習問題

「にちがいない」「だろう」「かもしれない」の中からふさわしいものを1つ選びましょう。(答えは1つとは限りません。)

1) ひょっとしたら、明日の打ち上げに行けない(　　　　　)。もし行けなかったら連絡します。
2) 今日から夏休みだ。おそらくロッテワールドは小学生でいっぱい(　　　　　)。
3) 医者「この薬を飲めば、2、3日で痛みはとれる(　　　　　)。」

4) 佐々木さんは一生懸命勉強しているから、きっと試験に合格する（　　　　　）。

5) もしかしたら、斉藤さんはこの本についてよく知っている（　　　　　）。
聞いてみよう。

6) （天気予報で）明日は午前中は晴れますが、午後から雨が降る（　　　　　）。

練習問題

100年後を想像してみましょう。理由も考えてみましょう。

> 人類は宇宙に住める？　北極はなくなる？　核兵器はなくなる？　・・・？

例）宇宙ステーションが完成して、人類は宇宙に住めるようになるだろう。

_____
_____
_____
_____

● メモ ― 宇宙旅行：우주여행　付き合う：사귀다　合格する：합격하다　打ち上げ：쏘아올림, 발사
～でいっぱいだ：~로 가득하다　痛みがとれる：아픔, 통증이 가시다　朝寝坊をする：늦잠자다
人類：인류　北極：북극　核兵器：핵무기

作文の準備をしましょう

○年前の(?)と今の(?)	(?) =
変わったこと(1)	
変わったこと(2)	
これからどうなると思いますか。	

第11課　連絡手段の20年前と今とこれから

友達にインタビュー

　　　　　　　の変化

○年前はどうでしたか。

＿＿＿＿＿＿の今

○年後どうなっていますか？

作文を書きましょう

名前 [　　　　　　　　　　]

タイトル [　　　　　　　　　　　　　　　　　　　]

> 何について書きますか。

> ○年前はどうでしたか。
> 2つ例を挙げましょう。

> ○年後はどうなると思いますか。

第12課 大学生事情

みなさんの大学生活はどうですか。モデル文では一般的な日本の大学生について紹介しています。それを読んでどう思いますか。韓国の大学生について書いてみましょう。

モデル文

[日本の大学生]

> 学生の概要を書きましょう。

日本の大学進学率は50%(2004年度)ほどです。

昔は日本でも「受験戦争」という言葉があって、大学入試は人生の一大事でした。しかしそんなに勉強したのに、いったん大学に入ってしまうと、あとはあまり勉強しないで、アルバイトやサークル活動ばかり一生懸命する学生も多かったです。

> 今と昔を比べて書きましょう。

今は少子化のために、大学に入学することはあまりむずかしくなくなってきました。しかし、一部の有名な大学に入るために、幼稚園の頃から受験して、有名な小学校、中学校へと進む人たちもいます。それでも、大学まで来るとやはりあまり勉強しないようです。

昔に比べて、今の日本の大学生たちは個人主義が強くなりました。一人で自分の好きなことだけをして、人とのコミュニケーションが苦手な学生が増えました。それで、学科やサークルのコンパにもあまり参加しないで、教授や同級生たちといっしょにお酒を飲んだりすることも好きではないようです。

> あなたがどう思いますか。将来はどうなると思いますか。

また、先生と話すときも友達のような言葉遣いしかできない人が多いです。授業中に携帯電話で話したり、食べ物や飲み物を持ち込んで、飲み食いしながら授業を受けたりする困った学生も多くなりました。

韓国の大学生はどうですか。日本と違いますか。

🔍 新しいことば

進学率 : 진학률
サークル活動 : 서클활동
個人主義 : 개인주의
飲み食い : 먹고 마심

受験戦争 : 수험전쟁
少子化 : 소자화(출생률 감소로 어린 아이들의 비율이 줄어드는 현상)
コンパ : 다과회, 친목회

(人生の)一大事 : (인생의) 중대사, 큰 일
言葉遣い : 말씨, 말투

文型

> ① ～のに(逆接)　　　　　　　　　　～인데, ~는데(역접)
>
> V/A/NA/N：普通体(NA→NAな/N→Nな)

1) せっかく来たのに、お店は休みでした。

2) おいしいのに、どうして食べないのかな。

3) あんなに元気だったのに、入院しました。

4) 子供なのに、何でも知っています。

練習問題

例のように、（　）の中のことばに、続けて文を作りましょう。

> (例)（走った）一生懸命走ったのに、バスに間に合いませんでした。

(1)（寒い）　_____

(2)（きれいだ）_____

(3)（よく食べる）_____

(4)（がんばった）_____

(5)（学生）_____

② ～ようです(推測)　　　　　　　　　　～일 것 같습니다(추측)

V/A/NA/N：普通体(NA→NAな/N→Nの)

1) 誰かが来たようです。
2) これはすこし重いようです。
3) あの人はお酒が好きなようですね。
4) 田中さんは、まだ学生のようです。

練習問題

例のように(　)の中のことばを使って、文を作りましょう。

(例) 電気が消えています。(留守)→この家は留守のようです。

(1) 外の人が傘をさしています。(雨が降る)

→ _____

(2) この店はいつもお客さんが多いです。(安い)

→ _____

(3) 子供がにんじんを残しています。(嫌いだ)

→ _____

(4) 佐藤さんはいつも外で夕食を食べています。(独身)

→ _____

| ③ ～ばかり　　　　　　　　　　　　　　　～뿐, ~만 |

1) あの人は勉強しないで、遊んでばかりいます。
2) 山田はいつもゲームばかりしています。

ポイント

「～ばかり」と「～だけ」

「Xばかり」も「Xだけ」も、Xの他はない、という意味ですが、「Xだけ」はXが単独であって他のものがないのに対して、「Xばかり」のほうは、同じもの(X)がたくさんある、もしくはXがくりかえされること、「いつも」や「すべて」の意味を含みます。

⇨ 「Xばかり」도 「Xだけ」도 X이외에는 없다는 의미이지만, 「Xだけ」는 X가 단독으로 다른 것이 없는 데 반해 「Xばかり」는 같은 것(X)이 많이 있거나 혹은 X가 반복되는 것으로, 「いつも」와 「すべて」의 의미를 포함합니다.

(1) お金がないので、ラーメンばかり食べていました。
(2) 母は、一日中文句ばかり言っています。
(2)' 母は一日中文句だけ言っています。(×)
(3) このクラスは熱心な学生ばかりだ。
(3)' このクラスは熱心な学生だけだ。(×)
(4) 私が好きなのはあなただけです。
(4)' 私が好きなのはあなたばかりです。(×)

作文の準備をしましょう

韓国の進学率はどのぐらいですか。	
どんな目的で大学に来ましたか。	
韓国の大学生が、いちばん興味をもっていることは何ですか。	
韓国の大学生の人間関係はどうですか。	
あなたは韓国の大学生について、どう思いますか。	
あなたの将来に大学は役立ちますか。	

友達にインタビュー

学内にいる日本人留学生(5人)にインタビューしてみましょう。

1日どのぐらい勉強しますか？

どんなアルバイトをしていますか？

放課後の楽しみは何？

?

?

?

韓国の大学生との共通点はどんなところですか。
相違点は？まとめてクラスで発表しましょう。

作文を書きましょう　　　　名前 [　　　　　　　]

タイトル [　　　　　　　　　　　　　　　　]

> 韓国の大学生について大まかに書きましょう。

> 韓国の大学生の今と昔を比べましょう。

> 将来はどうなると思いますか。

第13課 韓国と日本

この課ではいろいろなものを比較する練習をします。ここでは韓国と日本の文化やマナーについて比べてみましょう。あなたが驚いた日本の文化やマナーがありますか。

モデル文

[食事のマナー]

> まず何の文化マナーについての作文か書いてみましょう。

日本と韓国とでは食事をするマナーがずいぶん違います。

まず、日本では左手で器を持って食べますが、韓国では食器を持ち上げてはいけません。これは、日本では箸だけを使いますが、韓国では箸とスプーンを使うからです。韓国では一つの器に入った汁物を全員がスプーンですくって飲みます。日本では器に直接口をつけて飲むので、汁物は一人ずつ別々に用意されます。

> 共通点や相違点について詳しく書きましょう。

また、韓国ではいちばん目上の人が箸をつけるまで食べ始めてはいけないと言われていますが、これはあまり守られていないようです。席に着いた人から勝手に食べ始めます。むしろ、日本のほうが同席する人全員が「いただきます」の合図で一斉に食べ始めることが多いです。

お酒をつぐ時もつがれる時も、目上に対して片手では失礼です。これは日韓共通です。韓国ではお酒は必ず飲みほしてからつぐのが礼儀で、つぎ足しをしてはいけませんが、日本では杯が空になる前につぎ足しをしてもいいです。必ずそうしなければならないと思っている人がいますが、そうではありません。これは、日韓どちらの国でも、相手の杯が空のままでは失礼だから、酒を勧めるという共通の文化から生まれたマナーのようです。

> その他あなたの知っていることや、思ったことを書きましょう。

食事のあと、誰が支払うかということも大きな差はありませんが、友達同士や同僚との間では、韓国と違って、日本では圧倒的に割り勘が多いです。

新しいことば

マナー：매너
箸をつける：먹기 시작하다
合図：신호
礼儀：예의
同僚：동료

汁物：국, 국물이 많은 요리
席に着く：착석하다, 자리에 앉다
一斉に：일제히, 한꺼번에
飲みほす：남기지 않고 다 마시다
圧倒的に：압도적으로

口をつける：입을 대다
同席(する)：동석(하다)
(酒を)つぐ：(술) 따르다
つぎ足し：첨잔
割り勘：각자부담

文型

① Vてはいけません(禁止の表現)　　　～해서는 안됩니다(금지표현)

　　V：て形

1) ここで泳いではいけません。
2) 試験中、辞書を見てはいけません。

練習問題

ここでは何をしてはいけませんか。例のように書きましょう。

| 図書館　病院　電車の中　教室　授業中　美術館 |

(例) 教室でたばこを吸ってはいけません。

(1) _____
(2) _____
(3) _____
(4) _____
(5) _____

② Vてもいいです(許可の表現)　　　　　　～해도 좋습니다(허가표현)

V：て形

1) ここでは、タバコを吸ってもいいです。

2) レポートは来週出してもいいです。

練習問題

下のような場所や時に、どんなことをしたいですか。例のように質問しましょう。

授業中　　図書館で　　秋夕の時　　試験の時　　韓国で　　日本で

(例) 韓国ではアパートで動物を飼ってもいいですか。

(1) ＿＿＿＿＿＿＿＿＿＿＿＿＿＿＿＿＿＿＿＿＿＿＿＿＿＿＿＿

(2) ＿＿＿＿＿＿＿＿＿＿＿＿＿＿＿＿＿＿＿＿＿＿＿＿＿＿＿＿

(3) ＿＿＿＿＿＿＿＿＿＿＿＿＿＿＿＿＿＿＿＿＿＿＿＿＿＿＿＿

(4) ＿＿＿＿＿＿＿＿＿＿＿＿＿＿＿＿＿＿＿＿＿＿＿＿＿＿＿＿

(5) ＿＿＿＿＿＿＿＿＿＿＿＿＿＿＿＿＿＿＿＿＿＿＿＿＿＿＿＿

③ Vなければなりません(義務の表現)　～하지 않으면 안된다(의무표현)

V：ない形

1) 外国に行くときは、パスポートを取らなければならない。

2) 赤信号では止まらなければなりません。

練習問題

何をしなければなりませんか。例のように書きましょう。

> 外国に行くとき　病気の時　事故を起こしたとき　結婚式に行くとき
> 試験を受けるとき　食事をするとき

（例）食事の時、日本では食器を持って食べなければなりません。

(1) _____

(2) _____

(3) _____

(4) _____

(5) _____

作文の準備をしましょう

韓国と日本の文化やマナー、習慣の中で、違うものがありますか。またはよく似たものがありますか。	
相違点について考えましょう。それはどのように違いますか。	
あなたはどう思いますか。	
共通点について考えましょう。それはどのように似ていますか。	
あなたはどう思いますか。	
韓国と日本の文化やマナーについて、どう思いますか。	

イラストを見て答えましょう。次のマナーは日本では○でしょうか？×でしょうか？

(　)　　　(　)　　　(　)

(　)　　　(　)　　　(　)

(　)　　　(　)

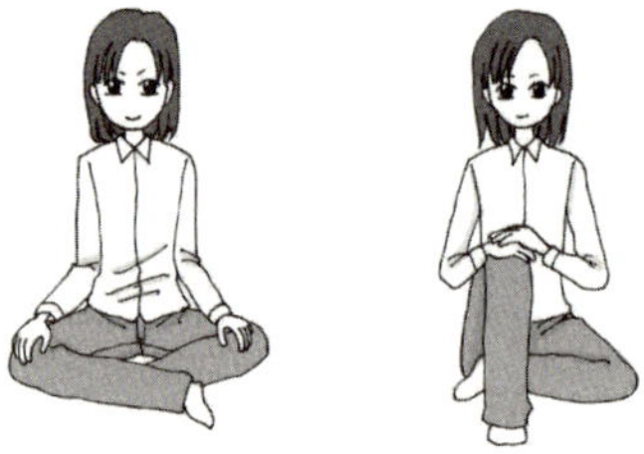

作文を書きましょう

名前 [　　　　　　　]

タイトル [　　　　　　　　　　　　　　　　]

> どんな文化やマナーについての作文か書いてみましょう。

> 共通点や相違点について詳しく書きましょう。

> その他あなたの知っていることや、思ったことを書きましょう。

推理してみましょう

犯人は誰だ？

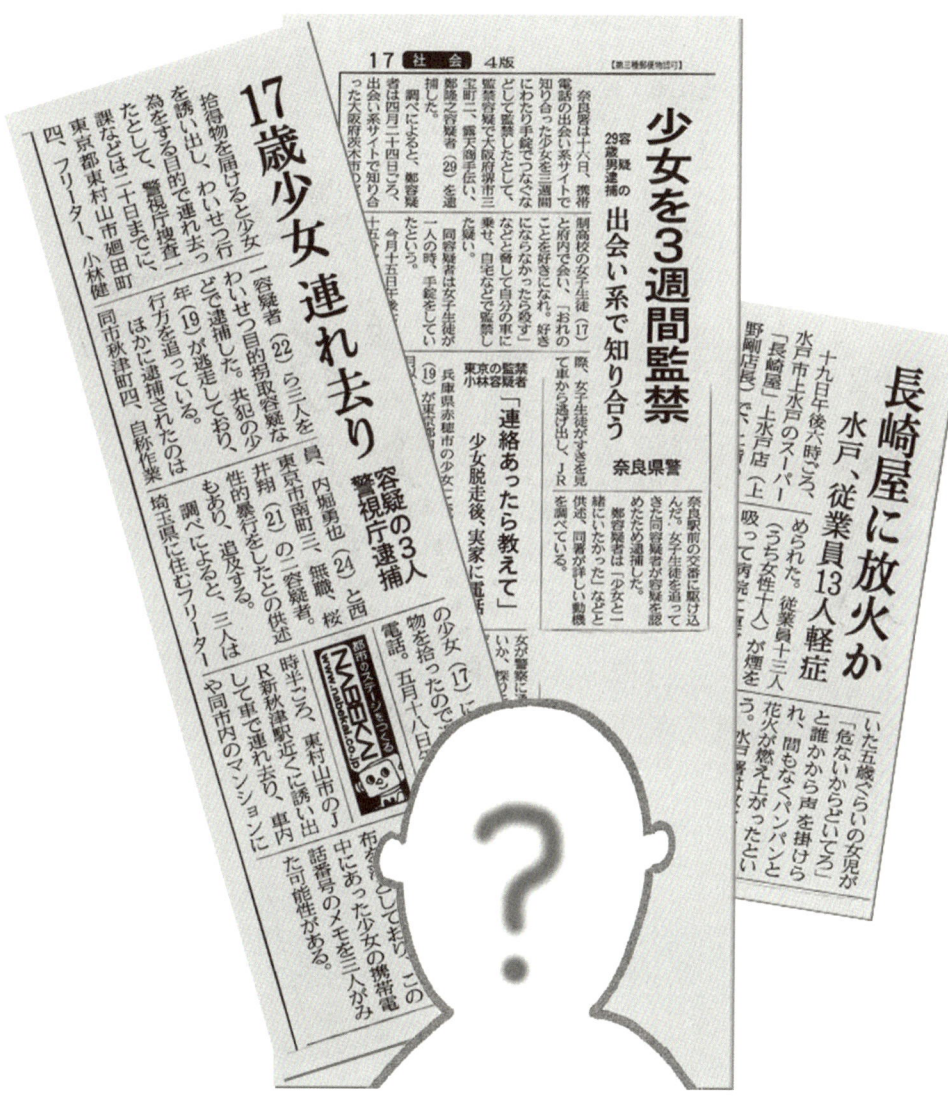

推理してみましょう　183

モデル文

　昨夜、一人暮しのOL（28歳）が殺された。鈍器で後頭部を殴られたようだ。死体の横にブロンズ製の置物が落ちていた。凶器はこれ以外になさそうだ。昨日、彼女は恋人が来るからと言って、近所の肉屋でステーキ用の肉を買って酒屋でワインを買ったそうだ。また隣の住人が、彼女が楽しそうに話している声を聞いて、誰かがきているようだったと話している。しかし、二人分用意された食事の片方はいっさい手がつけられておらず、被害者以外の指紋はまったく発見されていない。

　彼女の恋人はなぜか、毎月25日にしか来なかったらしい。それで彼女は25日にはいつもワインを買って待っていたそうだ。それで、アパートの向かいにある酒屋の店員が昨夜、彼女の恋人が走って逃げていくのを見たと言っている。酒屋の店員は先月の25日にも彼女と恋人がベランダでいっしょにワインを飲んでいるのを見たそうだ。

　しかし、彼女の親友は彼女に新しい恋人ができたという話は聞いたことがないと言っている。親友の話によると、彼女には昔恋人がいたが、数年前に山で遭難して亡くなったそうだ。そして半年前の25日に彼の荷物が山で発見されたらしい。

　警察は彼女の新しい恋人が犯人だと思っているようだが、真相は明らかではない。

🔍 新しいことば

犯人：범인	銃器：총기	後頭部：후두부
殴る：때리다	死体：사체	ブロンズ製：청동제
置物：장식품	落ちる：떨어지다	凶器：흉기
酒屋：술을 판매하는 집	片方：한 쪽	いっさい：일체, 전혀
手をつける：손을 대다	被害者：피해자	指紋：지문
発見する：발견하다	向かい：반대, 맞은 편	逃げる：도망치다
ベランダ：베란다	遭難する：조난하다	亡くなる：죽다
荷物：짐	警察：경찰	

❗ 文型

> ① 伝聞・引用の表現
> ①－1 ～と言っています　　　　　　　　　～라고 말합니다
>
> V/A/NA/N：普通体

1) アパートの向かいにある酒屋の店員が昨夜、彼女の恋人が走って逃げていくのを見たと言っている。
2) 彼女の親友は彼女に新しい恋人ができたという話は聞いたことがないと言っている。
3) 木村くんは今日は発表の準備が忙しくて参加できないと言っていました。

> ①－2 ～そうです　　　　　　　　　　　～라고 합니다
>
> V/A/NA/N：普通体

1) 昨日、彼女は恋人が来るからと言って、近所の肉屋でステーキ用の肉を買って酒屋でワインを買ったそうだ。
2) 酒屋の店員は先月の25日にも彼女と恋人がベランダでいっしょにワインを飲んでいるのを見たそうだ。
3) 新聞によると、昨日のサッカーの試合は2対1でフランスが勝ったそうだ。

ポイント

「～そうです」(伝聞)と「～と言っています」(引用)との違いは、以下の例文で「～そうです」の情報源は山田さん以外でもいいですが、「～と言っています」の場合は山田さんに限る、という点です。

⇨ 「～そうです」(전문)과 「～と言っています」(인용)의 차이는, 이하의 예문에서 전문의 정보원은 야마다씨 이외여도 되지만, 인용의 경우는 야마다씨로 한정된다는 점입니다.

推理してみましょう　　185

例) 山田さんはあした京都へ行くそうです。（伝聞）

山田さんはあした京都へ行くと言っていました。（引用）

「～そうです」は聞き手本人から聞いた情報には使えません。
⇨ "～そうです"는 청자 본인으로부터 들은 정보에는 쓸 수 없습니다.

（私は田中さんから、直接、引っ越しをすると聞いたあと、もう一度、本人に確認しようとして）

1) 田中さん、来週引っ越しをすると言っていましたよね。

2) ×田中さん、来週引っ越しをするそうですね。

①－3 ～という(ことです)　　　　　　　～라는 (것입니다)

V/A/NA/N：普通体

1) この店のケーキはとてもおいしいので、開店1時間で売りきれるという。

2) 今年は去年以上の猛暑になるということです。

3) ニュースによると、先月の事故の死傷者は100人以上だということだ。

ポイント

「によると」を用いた場合、情報源がその行為の主体である場合には「という」は使うことができません。
⇨ "によると"을 사용하는 경우, 정보원이 그 행위의 주체인 경우에는 "という"는 사용할 수 없습니다.

1) ×アパートの向かいにある酒屋の店員によると、昨夜、彼女の恋人が走って逃げていくのを見たという。

2) ×山田さんによると来年から留学するという。

② 様態を述べる表現

②-1 ～そうです　　　　　　　　　　　　~인 것 같다, ~인 것처럼 보인다

> V：ます形　A：Aい　NA：NAだ

a) 形容詞や状態動詞についた場合は、外観の印象や、外観からそれの性質を推測して述べる表現です。

　⇨ 형용사나 상태동사에 붙은 경우는, 외관에 대한 인상이나 외관으로부터 그것의 성질을 추측해서 진술하는 표현입니다.

1) （ウィンドウに飾ってあるケーキを見て）おいしそう！

2) （窓の外で震えている人を見て）外は寒そうだなあ。

b) 動きや変化を表す動詞につくと、動きや変化の直前の兆候を表します。

　⇨ 움직임이나 변화를 나타내는 동사에 붙으면, 움직임이나 변화 직전의 징후를 나타냅니다.

3) 空が暗くなってきた。雨が降りそうだ。

4) かばんが落ちそうですよ。気をつけて。

ポイント

外見そのものを表現することはできません。

⇨ 외견 그 자체를 표현할 수 없다.

5) ×（田中さんを見て）田中さんは背が高そうですね。→背が高いです。

6) ○（田中さんを見て）田中さんの妹さんも背が高そうですね。

②—2 ようです　　　　　　　　　　　　　　　　~인 것 같습니다

V/A/NA/N : 普通体(NA→NAな/N→Nの)

その場の状況から話し手が下した判断を表します。
　⇨그 때의 상황으로부터 화자가 내린 판단을 나타냅니다.
1) 交差点に人が集まっている。どうやら事故があったようだ。
2) 相沢さんはさっきからため息ばかりついている。何かよくないことがあったようだ。
3) 隣の家は電気が消えているし、物音が全くしない。留守のようだ。

話し手が第三者から聞いた情報を判断の根拠とする場合もあります。
　⇨화자가 제 3자로부터 들은 정보를 판단의 근거로 하는 경우도 있습니다.
4) 小林さんは今日アルバイトがあるようです。木村さんがそう言っていました。

ポイント

②—1「そうだ」a)とよく似ていますが、「そうだ」が外見から直感的に判断するのに対して、「ようだ」はさまざま状況から総合的に判断します。
　⇨「そうだ」a)와 매우 비슷하지만, 「そうだ」가 외견으로부터 직감적으로 판단하는 것에 비해, 「ようだ」는 다양한 상황으로부터 종합적으로 판단합니다.
　1) (隣の人の食べているラーメンを見て)あのラーメンはおいしそうだ。（×おいしいようだ）
　2) (ラーメン屋の前に長い列ができている。雑誌で紹介されている。テレビで放送された。)この店のラーメンはおいしいようだ。

「そうだ」は外見の印象について述べるだけでもいいですが、「ようだ」は自分の判断を述べるため、つぎのように使うことができません。
　⇨「そうだ」는 외견의 인상에 대해 진술하는 것만으로도 상관없으나,「ようだ」는 자신의 판단을 진술하기 때문에 아래와 같이 쓸 수 없습니다.
　3) ？この本は難しいようですが、実は難しくありません。
　4) 　この本は難しそうですが、実は難しくありません。

> ②—3 らしいです　　　　　　　　　　　　　　~인 것 같습니다
>
> V/A/NA/N：普通体(NA→NAだ/N→Nだ)

1) 半年前の25日に彼の荷物が山で発見されたらしい。

2) ここは桜の名所で、春はお花見の人でいっぱいらしい。

ポイント

「ようだ」は根拠がはっきりしない場合、なんとなくそのように感じるという場合でも用いることができます。また感覚・感触が根拠になる場合も用いることができます。「らしい」はいずれの場合にも用いにくいです。

⇨ 「ようだ」는 근거가 확실하지 않은 경우, 왠지 그런 것 같이 느끼는 경우에도 사용할 수 있습니다. 또한 감각, 감촉이 근거가 되는 경우에도 사용할 수 있습니다. 「らしい」는 이와 같은 두 가지 경우에는 잘 사용되지 않습니다.

1) 春になると気持が軽くなるようだ。（×らしい）
2) この手触りから言って、この皮は本物のようだ。（×らしい）

> 「ようだ」：自分の感覚、推量＞根拠となる情報　자신의 감각, 추량＞근거가 되는 정보
> 「らしい」：自分の感覚、推量＜根拠となる情報　자신의 감각, 추량＜근거가 되는 정보

「ようだ」は自分の判断であるということを、「らしい」は他から聞いた情報による判断だということを示唆します。よって「らしい」は責任を回避するような印象を与えるため、以下の場合には、用いません。

⇨ 「ようだ」는 자신의 판단이라는 것을, 「らしい」는 타인으로부터 들은 정보에 의한 판단이라는 것을 시사합니다. 따라서 「らしい」는 책임을 회피하는 듯한 인상을 주기 때문에, 아래와 같은 경우에는 사용하지 않습니다.

3) ×（医者が）風邪らしいです。（○風邪のようです）

伝聞情報を根拠にする場合もあることから、①−1「そうだ」と似ていますが、「らしい」は噂など情報源がはっきりしない場合に使われる傾向があります。

⇨ 들은 정보를 근거로 하는 경우도 있기 때문에 ①−1「そうだ」와 매우 비슷하지만,「らしい」는 소문 등 정보원이 확실하지 않은 경우에 쓰이는 경향이 있습니다.

4）噂によると、小林くんと高橋さんは付き合っているらしい。

「そうだ」が聞いたことをそのまま伝えるのに対して、「らしい」は話し手の判断も含んでいるニュアンスがあります。

⇨「そうだ」가 들은 것을 그대로 전달하는 데에 비해,「らしい」는 화자의 판단도 포함되어 있는 뉘앙스가 있습니다.

5）河村さんは今日来られない｛そうです／らしいです｝

作文の準備をしましょう

推測してみよう。

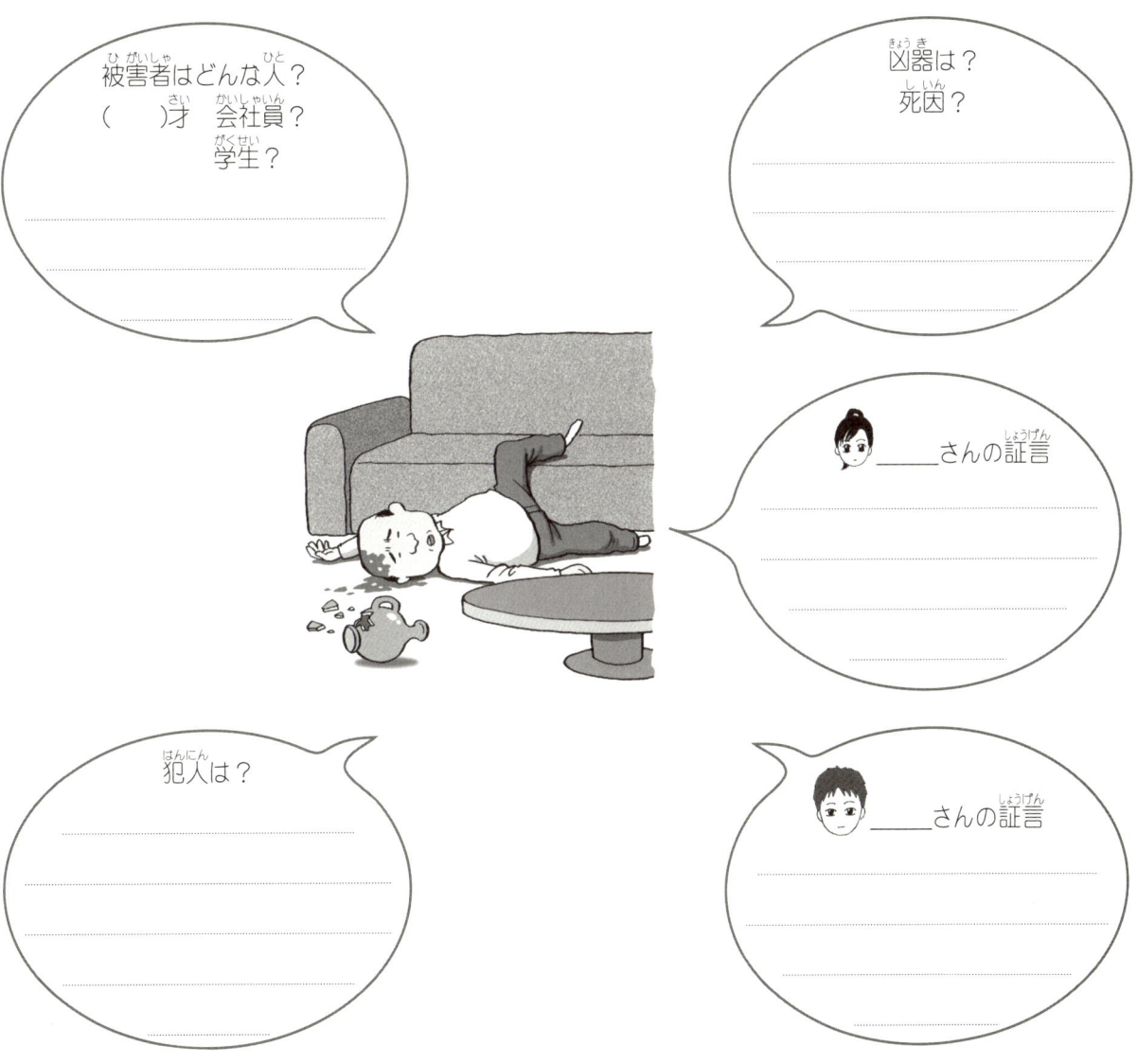

被害者はどんな人？
(　)才　会社員？
　　　学生？

凶器は？
死因？

＿＿＿さんの証言

犯人は？

＿＿＿さんの証言

作文を書きましょう　　　　名前 [　　　　　　]

p.191の事件の犯人が誰か推理しましょう。

① どんな事件でしたか。被害者や現場の様子を書きましょう。

② 犯人はどんな人でしょうか。

　　周りの人の証言を元に考えてみましょう。

PART IV

　ここではいろいろなタイプの文に挑戦してみましょう。まず、敬語に注意しながら、目上の人に手紙を書く練習をしましょう。さらに、自分の意見を述べるための様々な表現を身につけましょう。

第14課　依頼の手紙

人に何かを依頼するときは、どういう理由で、何をどんなふうにしてほしいのか、いつまでにしてほしいのかをはっきり知らせることが重要です。また、締め切りや期限がある場合は、依頼する相手が十分時間を取れるように、余裕をもって早めに依頼するのが礼儀です。

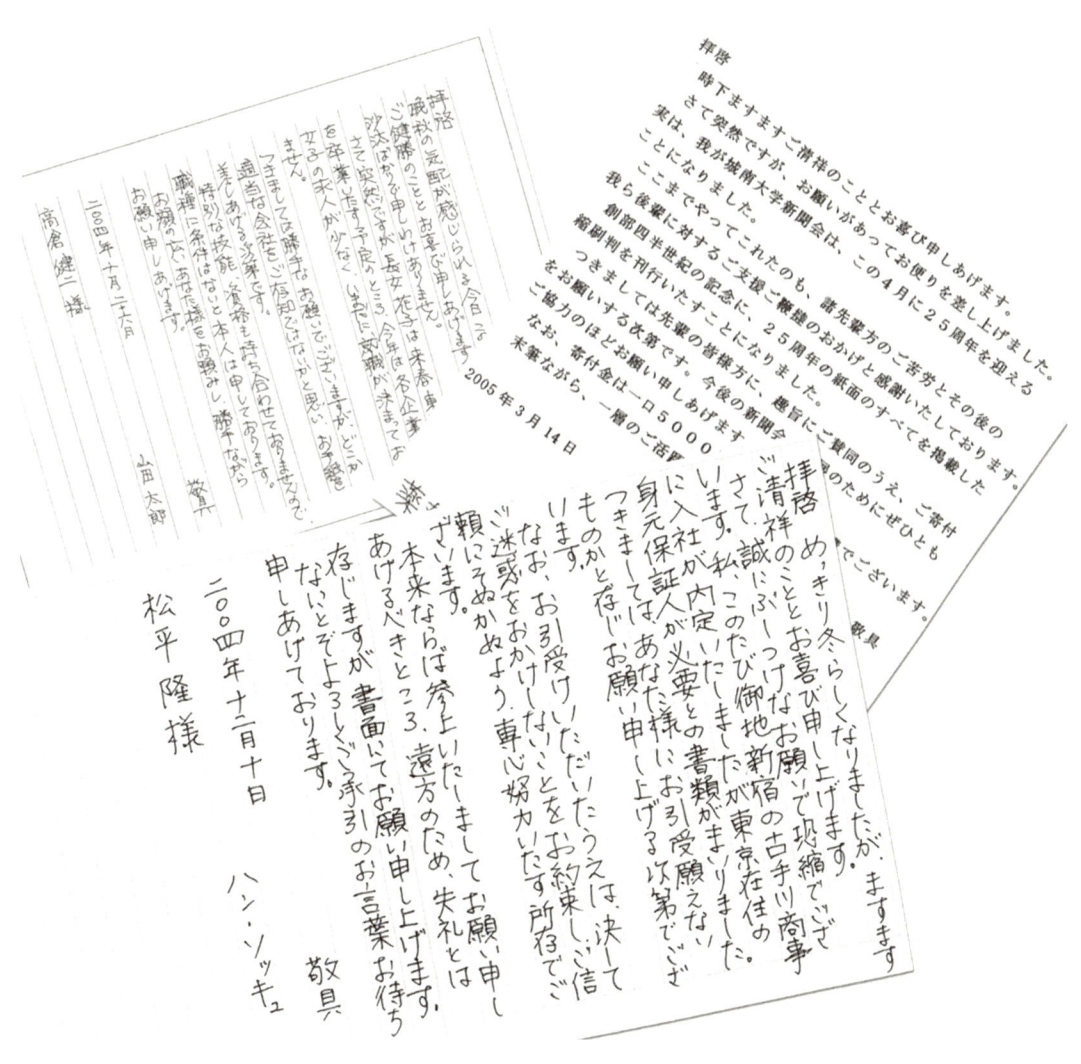

モデル文

[推薦状の依頼]

> 何についての依頼かを書きましょう。

> 依頼したい内容を詳しく書きましょう。

> 依頼するものの期限や締め切り、連絡先を書きます。

前略
　私は先生の「日本語教授法」の講義を受講しております、田中美咲と申します。先生の授業を拝聴して、日本語教育にたいへん興味をもちました。来学期はオーストラリアで6ヶ月間日本語を教える、日本語教師のインターンシップ・プログラムに応募したいと思っています。その申し込みに当たっては、指導教官の推薦状が必要です。それで日本語教育専門の中森先生に、ぜひその推薦状をお願いしたいと思い、お手紙をさしあげました。
　推薦していただきたい項目は以下の通りです。
①TOEIC815点で、現地での生活や研修に必要な英会話能力を備えていること。
②日本語教育科で、すでに「言語学概論」「日本語文法」「日本語音声学」「対照言語学」「日本語史」を受講し、成績はすべてA。現在も「日本語教授法」を受講中であること。
③明るくて積極的な性格で、体も健康であること。
　申し込みの締め切りは今月末ですので、25日までに書いていただけないでしょうか。私にご連絡してくださる場合は、下記のEメールアドレスへお願いいたします。たいへんお忙しいところお手数をおかけしますが、どうぞよろしくお願いいたします。
　　　　　　　　　　　　　　　　　　　　　　　　　　草々

2005年6月9日
　　　　　　　　　　　　　　　　　　　　　　　　　田中美咲
中森先生

🔍 新しいことば

受講(する) : 수강(하다)　　　拝聴(する) : 배청(하다)　　　インターンシップ : 인턴쉽

応募する : 응모하다　　　~に当たって : ~에 대해서　　　推薦状 : 추천장

研修 : 연수　　　(能力を)備える : (능력을) 갖추다　　　積極的だ : 적극적이다

締め切り : 마감, 마감날짜　　　お手数(をかける) : 수고(를 끼치다)

❗ 文型

① 授受動詞の敬語　Vていただく　　　～해 받다, もらう의 겸양어
　　　　　　　　　Vてくださる　　　～해주시다, くれる의 존경어

　　　V：て形

1) 窓を開けていただけませんか。

2) 先生が本を送ってくださいました。

練習問題

例のように視点を変えた文を書きましょう。

(例) 先生に本を送っていただきました。→先生が本を送ってくださいました。

(1) 先生が教えてくださいました。

→ _____

(2) 今日はパク社長に来ていただきました。

→ _____

(3) 鈴木さんが連絡をしてくださった。

→ _____

(4) 先生に書類をチェックしていただきました。

→ _____

(5) キムさん、いっしょに行ってくださいませんか。

→ _____

② 尊敬　　　　　　　　　　　　　　　존경

1) 今朝の新聞を読まれましたか。
2) 先生がお一人で来られました。

練習問題

(　)の中の動詞を、例のように〜れる／られるを使った尊敬の形に変えて、短い文を作りましょう。

> 例) 先生(読む)→　先生は研究室の本を全部読まれました。

(1) 先生(書く)→＿＿＿＿＿＿＿＿＿＿＿＿＿＿＿＿＿＿＿＿＿＿＿＿＿＿＿

(2) 社長(話す)→＿＿＿＿＿＿＿＿＿＿＿＿＿＿＿＿＿＿＿＿＿＿＿＿＿＿＿

(3) 先生(食べる)→＿＿＿＿＿＿＿＿＿＿＿＿＿＿＿＿＿＿＿＿＿＿＿＿＿＿

(4) お客さん(来る)→＿＿＿＿＿＿＿＿＿＿＿＿＿＿＿＿＿＿＿＿＿＿＿＿＿

(5) 会長(見る)→＿＿＿＿＿＿＿＿＿＿＿＿＿＿＿＿＿＿＿＿＿＿＿＿＿＿

> ③ お／ご「動詞(ます形)」なります　（尊敬）
> 　お／ご「動詞(ます形)」いたします　（謙譲）
> 　　　　　　　　　　　　　お／ご「동사(ます형)」하십니다(존경)
> 　　　　　　　　　　　　　お／ご「동사(ます형)」하겠습니다(겸손)

1) お客様はもう、お休みになりました。

2) 明日、ご到着になります。

3) お荷物をお持ちいたしましょうか。

4) 私がご案内いたします。

練習問題

(　)の中の動詞を、例のようにお／ご～なりますの形、またはお／ご～いたしますの形に変えて、文を作りましょう。

> 例) 大統領(到着する)→ 大統領は今日の午後にご到着になります。

(1) 私(待つ)→＿＿＿＿＿＿＿＿＿＿＿＿＿＿＿＿＿＿＿＿＿＿＿＿

(2) 先生(聞く)→＿＿＿＿＿＿＿＿＿＿＿＿＿＿＿＿＿＿＿＿＿＿＿

(3) 私(招待する)→＿＿＿＿＿＿＿＿＿＿＿＿＿＿＿＿＿＿＿＿＿＿

(4) お客様(出発する)→＿＿＿＿＿＿＿＿＿＿＿＿＿＿＿＿＿＿＿＿

(5) 私たち(呼ぶ)→＿＿＿＿＿＿＿＿＿＿＿＿＿＿＿＿＿＿＿＿＿＿

🍊 お／ご「動詞(ます形)」なります(尊敬)、お／ご「動詞(ます形)」いたします(謙譲)の形が使えない動詞には、以下の特別な形を用います。

⇨ お／ご「동사(ます형)」なります(하십니다)(존경), お／ご「동사(ます형)」いたします(하겠습니다)(겸손)의 형이 사용되지 않는 동사에는 이하의 특별한 형을 사용합니다.

	尊敬語	謙譲語
いる	いらっしゃる	おる
来る	いらっしゃる	まいる
行く	いらっしゃる	まいる
話す／言う	おっしゃる	申す
見る	ごらんになる	拝見する
聞く	お聞きになる	お伺いする
飲む／食べる	召しあがる	いただく
訪問する	×	お伺いする
あげる	×	さしあげる*
もらう	×	いただく
くれる	くださる	×

ポイント

「あげる」は相手に恩恵を与える表現なので、たとえ謙譲語を使っても、押しつけがましく尊大に聞こえる場合が多く、実際の会話ではあまり使われません。

⇨ 「あげる」는 상대에게 은혜를 주는 표현이기 때문에, 비록 겸양어를 사용해도 억지스럽거나 거만하게 들리는 경우가 많고, 실제 회화에서는 그다지 사용되지 않습니다.

- × 私が迎えに行ってさしあげます。
  ○ 私がお迎えに行きましょうか。
- × 私の車を貸してさしあげます。
  ○ 私の車をお使いください。

作文の準備をしましょう

人に何かを頼むために手紙を書いたことがありますか。それはどんなことでしたか。誰に頼みましたか。	
何か手紙で頼みたいことがありますか。	
誰に頼みますか。	
何を頼みますか。	
どんな理由で頼みますか。	
いつまでにしてほしいですか。	
あなたはどんな依頼なら、引き受けますか。	

作文を書きましょう　　　名前 [　　　　　　　]

タイトル [　　　　　　　　　　　　　　　　]

> 何についての依頼かを書きましょう。

> 依頼したい内容を詳しく書きましょう。

> 依頼するものの期限や締め切り）、連絡先を書きます。

第15課　私達と教育

みなさんは子供のときにどんな習い事をしていましたか。塾に行っていましたか。それは楽しかったですか。また、みなさんが将来、父親や母親になったら子供に習い事をさせたいですか。塾に行かせたいですか。この課では子供と教育について考えてみましょう。

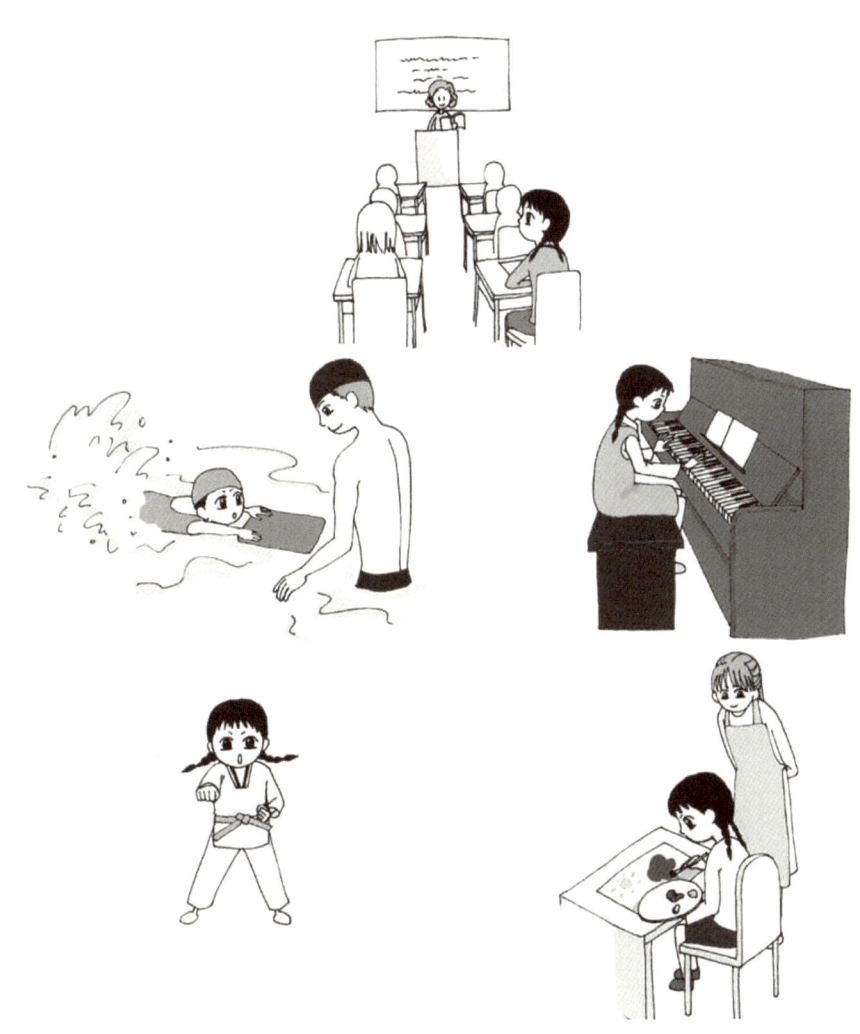

モデル文

[子供と教育]

> 現状について書きましょう。

　日本では、最近はほとんどの子供が塾に行っています。塾に行かないと、学校の勉強についていけない場合もあるようです。ある調査によると、小学生の3人に1人が現在塾に通っているそうです。塾だけではなくて、ピアノや習字など、習い事をする場合も多いです。もしかしたら、私達大学生より、小学生のほうが忙しいかもしれません。

> 自分の経験を書きましょう。

　私は小学生のとき、塾にも行っていましたが、それ以外にもピアノを習っていました。ピアノは練習も楽しかったし、発表会のためにいつも一生懸命練習しました。塾はあまり行きたくなかったのですが、周りの友達が行っていたので、行かされました。小学5年生になると、塾がだんだん忙しくなって、ピアノを続けられなくなってしまいました。それが今でも残念です。

> 自分が親になったらどうしますか。

　私が母親になって、小学生の子供を持ったら、子供を塾に行かせたくありません。その代わりに、子供が本当に興味を持っているものを習わせたいです。例えば、何かスポーツをさせたいです。できれば、サッカーやバレーボールのようなチームでするスポーツがいいと思います。練習や試合を通して、チームの仲間と親しくなるし、学ぶことも多いのではないでしょうか。最近はゲームをしたり、インターネットをしたりして、一人で遊ぶ子供が多いですが、子供の時はいろいろな人に接したほうがいいと思います。それでも、もし子供が塾に行きたいと行ったら、もちろん行かせるし、楽器を習いたいと言ったら習わせたいと思います。やはり、

無理やり何かをさせるのではなくて、子供がしたいことを助けてあげるべきなのではないかと思います。

新しいことば

最近 : 최근
調査 : 조사
発表会 : 발표회
親しい : 친하다, 사이좋다, (혈연이) 가깝다
学ぶ : (학문·기술 따위를) 익히다, 공부하다, 학문을 하다, 경험해서 알다
接する : 접하다, 접촉하다, 만나다, 교제(응대)하다, (이성을) 경험하다
無理やり : 억지로 강행하려는 모양, 어거지

塾 : 사설학교, 학원
習字 : 습자
代わりに : 대신(에)

ついていく : 따라가다
習い事 : 배우는 일, 학습하는 일
興味を持つ : 흥미를 가지다
楽器 : 악기
助ける : 구조하다, 살리다, 돕다, 거들다

❗ 文型

> ① Nによると　〜そうです。(「推理してみましょう」伝聞の表現参照)
>
> 〜에 의하면 〜하다고 합니다(「推理してみましょう」전문의 표현참조)

1) ある調査によると、小学生の3人に1人が現在塾に通っているそうです。

2) 今日のニュースによると、日本で大きな地震があったそうです。

> ② せる / させる(使役形)　　　　　　　　시키다(사역형)

1) 先生は学生を1時間廊下に立たせました。

2) 課長は藤田さんに書類を翻訳させます。

3) 子供を公園で遊ばせます。

練習問題

例のように書きましょう。

例) 毎日漢字を50個覚えなさい

2) お皿を洗いなさい

山下さん

1) 毎日野菜を食べなさい

3) 毎日英語のラジオを1時間聞きなさい

京子

→ 山下さんは京子ちゃんに毎日漢字を50個覚えさせます。

1) _____
2) _____
3) _____

例) 書類をコピーしなさい

岡田部長

5) 毎日7時に出勤しなさい

4) 1時間で会議の資料を作りなさい

渡辺

6) 毎日車で駅まで送りなさい

→ 岡田部長は渡辺さんに書類をコピーさせます。

4) _____
5) _____
6) _____

③ させられる（使役受身形）　　　　　　　　　　사역수동형

1) 学生は先生に1時間廊下に立たせられました。（立たされました）
2) 藤田さんは課長に書類を翻訳させられました。

練習問題

1)〜3)は京子ちゃんの立場から、4)〜6)は渡辺さんの立場から文を作りなさい。

1) _____
2) _____
3) _____
4) _____
5) _____
6) _____

> ④主張の表現　　　　　　　　　　　　주장의 표현
> ④-1　Vべきです　　　　　　　　　　해야합니다
> 　　　V：辞書形

倫理的、道徳的に望ましいと思う、必要だと思うということを表現します。

　⇨ 윤리적, 도덕적으로 바람직하다고 생각하는 것, 필요하다고 생각하는 것을 표현합니다.

1) 公共の場所は禁煙にするべきだ。

2) 地球温暖化防止のために、電力の無駄遣いはやめるべきだ。

3) 地下鉄の優先席には健康な人は座るべきではない。

ポイント

「一般的にいって」というニュアンスがあるため、個人的なことには使いません。

⇨「일반적으로 말해서」라는 뉘앙스가 있기 때문에, 개인적인 일에는 사용하지 않습니다.

　1) ×私は毎日朝6時に起きるべきだ。（○毎日朝6時に起きなければならない）

> ④-2　～ほうがいいです　　　　　　　～하는 편이 좋습니다
> 　　　V：た形 / ない形　A：Aい　NA：NAな　N：Nの　（10과 문형① 참조）

「Aたほうがいい」で、Aをするか、しないかを比べた場合、するほうがいい、必要だと判断するいうことを表す。今の状況よりAをするほうがいい、ということを表す場合、忠告に近くなる。

　⇨「Aたほうがいい」에서 A를 할 것인지 하지 않을 것인지를 비교했을 경우, 하는 편이 좋다, 필요하다고 판단하는 것을 나타낸다. 지금 상황보다 A를 하는 편이 좋다라는 것을 표현하는 경우, 충고에 가깝다.

1) 年末は混むので、早く飛行機のチケットを予約したほうがいいです。

2) この授業は予習をしていったほうがいいよ。

3) もっと大きい声で言ったほうがいいですよ。

4) 目が悪くなるからゲームはしすぎないほうがいいですよ。

> ④-3　～のではないか　　　　　　　　　　　～것은 아닐까?
> 　　　～のではないだろうか/でしょうか　　～것은 아니겠지(요)?
> 　　　　V/A/NA/N：普通体(NA→NAな/N→Nな)

　主張を断定的に述べない表現です。不確実ではあるが、～ は正しいという見込みがあることを表します。話し手の主張を押し付けることなく丁寧に述べる表現です。「のではないだろうか(でしょうか)」のほうがより丁寧な表現になります。
　　⇨주장을 단정적으로 말하지 않는 표현입니다. 확실하지는 않지만 ~은 옳다고 하는 가능성이 있는 것을 나타냅니다. 화자의 주장을 강요하는 것이 아니라 정중하게 말하는 표현입니다. 「のではないだろうか(でしょうか)/것은 아니겠지?(겠지요?)」의 쪽이 보다 정중한 표현이 됩니다.

1) 練習や試合を通して、チームの仲間と親しくなるし、学ぶことも多いのではないでしょうか。

2) もっと政治に関心を持つべきなのではないでしょうか。

3) このような校則は変える必要があるのではないでしょうか。

> **練習問題**

みなさんはどう思いますか。理由も言いましょう。

> 子供を留学させる　インターナショナルスクールに入れる
> 高校生の子供にアルバイトをさせる

_____
_____
_____
_____

⑤ 意見の言い方　　　　　　　　　　　　의견을 말하는 법

意見の強さと文末表現に気をつけましょう。
⇨ 의견의 강도와 문말표현에 주의합시다.

塾に行かせたほうがいい。

塾に行かせたほうがいいだろう。

塾に行かせたほうがいいと思う。

塾に行かせたほうがいいのではないか。

塾に行かせたほうがいいのではないだろうか。

塾に行かせたほうがいいのではないかと思う。

塾に行かせたほうがいいように思う。

塾に行かせたほうがいいかもしれない。

作文の準備をしましょう

韓国の最近の教育事情について調べてみましょう。どのくらいの小学生が塾に行っていますか。	情報源： 調べた結果：
自分の経験を話してみましょう。 あなたは小学生の時、塾に行っていましたか。それはよかったですか。	
あなたは小学生の時、習い事をしていましたか。それはよかったですか。	
あなたが親になったら、子供にどんな教育を受けさせたいですか。 それはどうしてですか。	

子供のとき、塾に行ったり、
習い事をしたりしていましたか。

それについて
どう思っていましたか。
よかったと思いますか。

小学生は塾に行ったほうが
いいと思いますか。高校生はどうですか。

高校生のとき、
塾に行きましたか。

あなたが親になったら、
子供にどんなことをさせたいですか。

作文を書きましょう　　　名前 [　　　　　　]

タイトル [　　　　　　　　　　　　　　]

- 韓国の現状について書きましょう。

- 自分の経験を書きましょう。

- 自分が親になったらどうしますか。

第16課　賛成？反対？

15課で勉強した意見を述べる表現を用いて、賛成意見、反対意見を述べる練習をしましょう。客観的なデータと、自分の意見を混同しないように、構成にも注意して述べましょう。グループでのディスカッションで出た他の人の意見の参考にするようにしましょう。

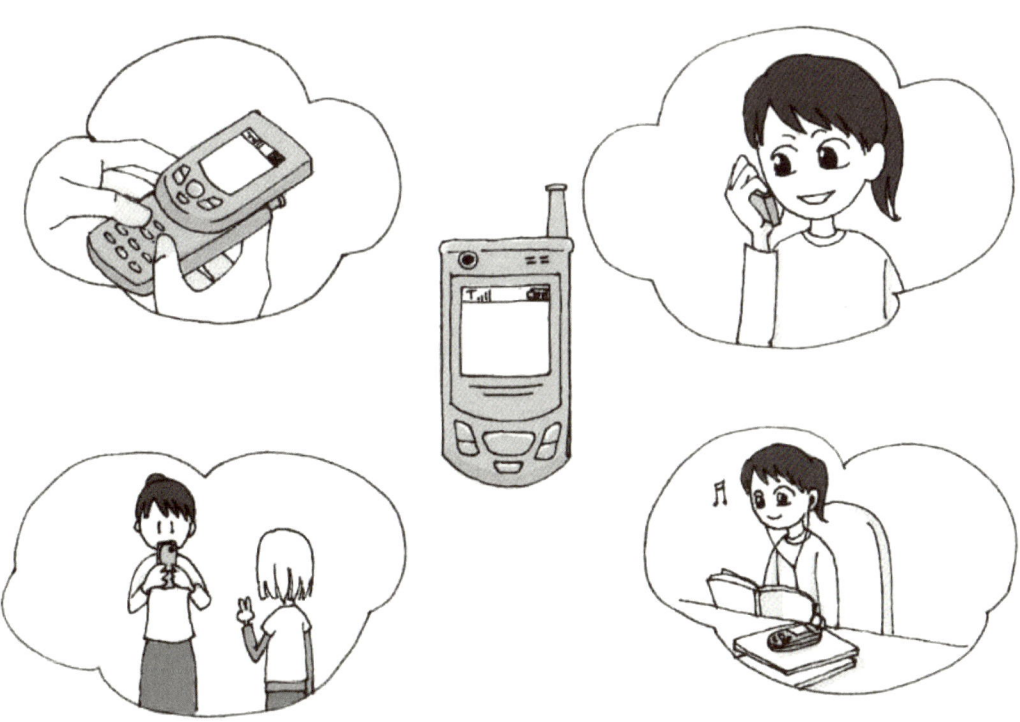

モデル文

[小学生に携帯電話は必要？]

データの提示

最近、携帯電話を持っている子供を町でよく見ます。日本PTA全国協議会の2003年の調査によると、小学生の5人に一人が携帯電話を持っているそうです。中学2年生では6人に一人で、高校生になると6割が持っているそうです。

問題提起

しかし、最近、携帯電話を用いた事件に子供が巻き込まれるケースが増えています。このような中で、本当に小学生に携帯電話を持たせるべきでしょうか。

自分と反対の意見

確かに、いたずら電話や犯罪の問題は深刻です。他にも・・・

携帯電話を持たせることに反対する例を挙げましょう。

でも、携帯を持っていれば、緊急のときに安心です。他にも・・・

自分の意見

携帯電話を持たせることに賛成する例を挙げましょう。

結論

ですから、私は小学生に携帯電話を持たせてもいいと思います。携帯電話を持つことによって、万一のとき子供の安全を守れることは何より重要なのではないでしょうか。

🔍 新しいことば

協議会：협의회　　用いる：이용하다　　巻き込まれる：휘말리다
犯罪：범죄　　深刻：심각　　緊急：긴급
万一：만일　　守る：지키다

友達にインタビュー

あなたは子供に携帯電話を持たせることに賛成ですか。反対ですか。グループで話し合ってみましょう。話し合いで出た意見をメモしましょう。

賛成	反対

作文の準備をしましょう

あなたが必要/不必要だと思うものはなんですか。	情報源： 調べた結果：
どのような点が今問題だと思いますか。	
あなたとは違う意見がありますか。どんな意見がありますか。	
あなたの意見を理由と一緒にまとめましょう。	

もう一度自分の意見を主張しましょう。

作文を書きましょう　　　名前 [　　　　　]

あなたが必要だと思うもの、不必要だと思うものについて書きましょう。(例：豪華な結婚式、ペット用の洋服等)なぜ必要/不必要だと思うのか理由を書きましょう。

感想を書きましょう
~この学期を振り返って

　もうすぐ1学期が終わります。これから期末試験が始まるのでちょっと緊張しています。振り返ってみるとあっという間の1学期でした。私にとって、この学期は新しいことに挑戦した学期でした。忙しかったですが、とても充実していたと思います。

　今学期から始めたことの一つに、サークルがあります。韓日学生会というサークルに参加することにしました。このサークルでは私の大学で日本語を勉強している韓国人の学生と、韓国語を勉強している日本人の留学生が参加しています。一週間に一回集まって、いろいろなテーマについて話し合います。もちろんその後はいっしょにお酒を飲みます。日本語の授業で知り合った友達に誘われて参加するようになりました。今まで日本語を使う機会があまりなかったので、サークルで日本人の友達と話をするのは少し緊張しますが、楽しいです。

　来学期はもっと積極的に参加して日本人の友達を増やしたいです。そして、できたら、日本に旅行に行きたいと思っています。

🔍 新しいことば

繁張する：긴장하다	振り返る：뒤돌아보다	あっという間：눈깜짝할 사이에
挑戦：도전	充実：충실	話し合う：서로 이야기하다 대화하다
誘う：권유하다	積極的：적극적	増やす：늘리다

作文を書きましょう

名前 [　　　　　　　]

タイトル [　　　　　　　　　　　　　　]

解答

第3課から第5課までのミジョンさんのメールの誤りを正したものを解答として掲載しました。

03 私の部屋　p.55

① → メールありがとうございました

日本語では「メールありがとうございました」と挨拶するのが普通です。韓国語との違いに注意しましょう。

② → に住んでいます。

助詞に注意しましょう。

③ → にすぐ会える

動詞「見る」と「会う」の違いに注意しましょう。「見る」は挨拶をしたり、話をしたりしないで一方的に見る場合を指し、話をしたりする場合には「会う」を使います。「会う」の前の助詞にも注意しましょう。

④ → 同じクラス

「同じ」は名詞の前では「な」をつけませんので注意しましょう。

⑤ → 忙しいです。

「ようです」は推測をする表現です。自分の様態や感情、行動には使うことができませんので、注意しましょう。

04 私の趣味　p.63

① 高等学生の時 → 高校生

日本の学校制度の名称を覚えましょう。

小学校／小学生　中学校／中学生　＊高校／高校生　大学／大学生

＊正式には高等学校と言いますが、省略して「高校」と呼ぶのが一般的です。

② → 日本語の勉強

日本語では言語名の後に直接名詞をつけることができません。「の」を使うので注意しましょう。

例) 日本語勉強→日本語の勉強

英語本→英語の本

日本人先生→日本人の先生

③ → 一生懸命

日本語でも「熱心に」という表現はありますが、自分のことを言う場合には「一生懸命」という表現をよく使います。

例：一生懸命頑張りますのでどうぞよろしくお願いします。(?熱心に頑張りますので・・・)

読み方は「いっしょけんめい」ではなくて「いっしょうけんめい」ですから注意しましょう。

④ → 違って

「違う」(다르다)は形容詞ではありません。動詞ですから、て形は「違って」になります。活用に注意しましょう。

05 私の一日　p.77

① → 家庭教師

日本の大学生も中学生や高校生に英語や数学を教えるアルバイトをする人は多いです。日本語では「課外授業」というのは学校で授業のあとにする補習授業や、運動などを指します。アルバイトの場合は「家庭教師」と呼びます。

② → 子供のとき

「幼いとき」という表現も間違いではありません。同じ意味でよく使うのが「子供のとき」という表現です。いっしょに覚えましょう。

③ → 子供が好きなので

「好きだ」はな形容詞です。助詞に注意しましょう。

④ → 食事をしたりします

「食事をする」と「ごはんを食べる」という表現のうちどちらを使ってもかまいませんが、二つを混同しないように注意しましょう。

⑤ → 気持が落ち着いて

リラックスできるという意味で、「気持が落ち着く」という表現を使います。「平安だ」という表現は個人の感情には使いません。

⑥ → 授業に行く 授業に出る

教室に入るという表現は正しいですが、「授業に入る」という表現は使いません。授業の教室に行く、という意味で、「授業に行く」を使うか、出席するという意味で、「授業に出る」を使います。

＊サークルルーム

日本の大学では学生達がそれぞれグループを作ってさまざまな運動や音楽、美術などの活動をしています。韓国語の동아리は日本語ではサークルと呼びます。「テニスサークルに所属している」という表現もよく使いますが、同じ意味でよく使うのが、「テニスサークルに入っている」という表現です。サークルの仲間が使う部屋はサークルルームとか部室と呼びます。

高麗大學校 日語日文學科 敎材編纂委員會

김춘미(金春美) 이한섭(李漢燮) 김충영(金忠永) 최관(崔官) 전형식(全亨式)
정병호(鄭炳浩) 온즈카 치요(恩塚千代) 나가타니 나오코(永谷直子)

KUJAP 시리즈

초판인쇄 _ 2005년 8월 21일
초판발행 _ 2005년 8월 29일

집필진 _ 高麗大學校 日語日文學科 敎材編纂委員會
발행인 _ 김흥국

발행처 _ 도서출판 보고사
주　소 _ 서울시 성북구 보문동 7가 11번지 2층
등　록 _ 6-0429(1990.12)
전　화 _ 922-5120~1(편집부) / 922-2246(영업부)
팩　스 _ 922-6990
메　일 _ kanapub3@chol.com
정　가 _ 10,000원
ISBN _ 89-8433-361-1 (13730)

www.bogosabooks.co.kr

* 잘못된 책은 바꾸어 드립니다.
* 저자와의 협의에 의하여 인지는 생략합니다.